AF206510

David Bercot

Würden sich die Theologen bitte setzen?

Edition Ephrata

Originaltitel: Would the Theologians please sit down

Bibliografische Information der Deutschen Nationalbibliothek:
Die Deutsche Nationalbibliothek verzeichnet diese Publikation in
der Deutschen Nationalbibliografie; detaillierte bibliografische
Daten sind im Internet über http://dnb.dnb.de abrufbar.

Falls nicht anders gekennzeichnet, stammen
Bibelzitate in der Deutschen Übersetzung aus der Schlachter
Version 2000, Bibeltext der Schlachter 2000.

Aus dem Englischen von Jonathan Minko

Copyright © Herstellung und Verlag: BoD – Books on Demand,
Norderstedt

ISBN: 9783748118855

Der Autor möchte seinen tiefsten Dank an Frank Großklaus (Düsseldorf) aussprechen welche den Titel für dieses Buch vorgeschlagen hat und Thierry Fender(Genf, Schweiz), welcher mit ihm zusammen Gedanken gesammelt hat.

Diesen Brüdern wird auch für die Wortschöpfung "Doctrinianity" gedankt, der in der deutschen Ausgabe „Dogmatum" übersetzt wird, oder unübersetzt bleibt.

Inhaltsverzeichnis

1 „Dogmatum" versus Christentum

Caspar Zacher[1] zitterte vor Angst als er in Ketten in den Gerichtssaal geführt wurde.Er sah sich in dem Raum um, und suchte nach wohlwollenden Gesichtern, aber er sah keins.
Anstatt dessen sei er einige seiner Feinde - Bürger mit denen er diskutiert hatte. Kasper studierte verzweifelt das Gesicht des Richters um Zeichen von Sympathie zu erkennen, aber alles was er sah war ein strenger Gesichtsausdruck. Caspar wusste dass ihm der sichere Tod bevorstand.

Wir schreiben das Jahr 1562, und der Schauplatz die Stadt Waiblingen im heutigen Baden Württemberg. Die Anklage: Ketzerei. Hier trug sich ein Schauspiel zu welches unzählige Male in ganz Europa über mehr als 1000 Jahre zu sehen war.
Die meisten dieser dieser Tribunale wurden von der römisch-katholischen Obrigkeit instruiert.
Die Ankläger vor denen Caspar stand jedoch waren Lutheraner. Die Zeiten hat sich geändert, aber nicht die Natur des Christentums. Caspar konnte sein Zittern kaum verbergen, als er nun vor dem Richter stand.

Die Anklage wurde nun verlesen. Er wurde der Häresie beschuldigt- besonders ausdrücklich der,zu einer Gruppe zu gehören die als Anabaptisten oder

Wiedertäufer bekannt ist.

Als er gefragt wird was er zu seiner Verteidigung zu sagenhat, verneint Caspar dies energisch.
"Ich bin ein guter Lutheraner," protestiert Caspar, " *und nie habe ich etwas mit diesen widerlichen Leuten zu tun gehabt!"*
Der Ankläger bringt nun methodisch ihre Anklageschrift gegen Caspar vor.
Einer nach dem anderen, treten verschiedene Bürger in den Zeugenstand und sagen gegen ihn aus.
Mehrere Leute beschreiben Caspar als einen neidischen Mann, der immer das begehrte was andere haben.

Nahezu jeder Zeuge beschreibt Caspar als extrem streitsüchtig, regelmäßig Diskussionen und Streit mit anderen anfängt. Sie gaben an sie hätten ihn viele Male in der Öffentlichkeit fluchen und schimpfen gehört. Und ein paar Zeugen meldeten er habe nahezu immer ein Schwert oder ein Messer mit sich geführt wenn er aus seinem Haus ging. Der ganze Ort hasste ihn.
Als die Zeugenvernehmung beendet war, war sich Kasper sicher dass man ihnen schuldig sprechen würde. Er wusste dass er der Wahrheit dessen was die Zeugen ausgesagt hatten nichts entgegensetzen konnte.

Der Richter sah Caspar direkt in die Augen, räusperte sich und erhob das Wort.
"Nachdem wir nun all diese Beweise durch die Zeugen der

Anklage gehört haben, findet dieses Gericht den Angeklagten, Caspar Zacher ..."

Caspar musste nun schlucken, und fürchtet sich das nächste Wort des Richters zu hören.

"... für nicht schuldig."
Caspar traute seinen Ohren nicht!

Der Richter fuhr mit der Urteilsbegründung fort:
" Die Zeugen haben übereinstimmend ausgesagt, dass sie ein neidischer und streitsüchtiger Mann sind. Regelmäßig fluchen sie in der Öffentlichkeit, und tragen Waffen in der Stadt. Gewiss sind sie ein unangenehmer Zeitgenosse, der zurecht von allen seinen Mitbürgern gehasst wird. Aber glücklicherweise, sind sie offensichtlich keiner von diesen verabscheuungswürdigen Häretikern, die man Anabaptisten nennt.Ihr Lebensstil ist das exakte Gegenteil von ihnen. Einen wie sie würden sie niemals in ihrer Mitte aufnehmen. Wie sie gesagt haben, sie sind ein rechtgläubiger Christ."[1]

Es war ein glücklicher Tag für Caspar Zacher, aber ein schwarzer Tag für das Christentum. Ein Mann wurde von dem Vorwurf der Häresie frei-gesprochen weil er ein gottloses Leben lebte.
Was ist nur aus der Kirche geworden die Christus gegründet hat, das nun ein geheiligter Lebenswandel mit Häresie assoziiert wurde und ein gottloser Lebensstil mit der Orthodoxie?
Tatsächlich ist eine Menge mit der Kirche Christi passiert - zumindest mit der sichtbaren Institution Kirche, dererdie sich zum Christentum bekennen.
Was passiert das kann man in einem Satz zusam-

menfassen: Das Christentum wurde zum Dog-matum (*"Doctrianity"* im Englischen Original, Anm. des Übersetzers).

Transformation des Christentums

Als das Christentum noch jung war, lag der Fokus auf Jesus Christus und seinem Reich - nicht auf der Theologie.
Nur um das von vornherein klar zu stellen, es gibt fundamentale Lehren welche für Christen schon immer essentiell für den Glauben waren.
Doch von den einfachen Dingen die wirklich essentiell gewesen sind, aus einigen Grundlehren, wurde eine lange Liste theologischer Dogmen, von denen viele den frühen Christen vollkommen unbekannt waren.

Zu Beginn, verstanden die Christen dass die Essenz des Christentums eine von Früchten / Gehorsam geprägte Liebesbeziehung im Glauben zu Jesus Christus ist. Das war nicht nur irgendeine Beziehung, sondern eine Beziehung, die echte Früchte des Reiches Gottes hervorbringt. Das Christentum war vorrangig eine Religion der Armen und Ungebildeten. Kann es gab keine Seminare und theologische Schulen.

Dann passierte etwas: Theologen übernahmen die Kirche, und als die Theologen die Kirche übernommen hatten, änderte sich der Fokus von geheiligten Früchten (Orthopraxie) hin zu einer rechtgläubigen ("orthodoxen ") Theologie.

Und nach kürzester Zeit, standen jene die ein geheiligtes Leben lebten unter dem Verdacht Häretiker zu sein.

Interessanterweise, bestand die Direktive die Jesus seinen Nachfolgern gab aus nur zwei Wörtern. Aber diese zwei Wörter stellten die Welt auf den Kopf:

"Folge mir nach"

Im Gegensatz dazu, änderte sich der Fokus als christliche Theologen im vierten Jahrhundert an die Macht kamen von "Folge mir nach" zu "studiere mich". Gelernte Theologen behaupteten eine besondere Erkenntnis und Verständnis von Heiligen Schrift zu haben. Und vom Rest der Kirche wurde erwartet, dass sie sich zurücklehnen und alles akzeptieren, was die Theologen ihnen sagten dass die Schrift wirklich bedeuten würde. Fruchtbringen war nicht länger eine das
wichtigste Ziel. Das wichtigste Ding war nun sich der "richtigen" Lehre zu verschreiben.

Theologen gegen das Königreich

Es waren vorallem die religiösen Autoritäten welche in Jesu Tagen gegen das Reich Gottes stritten, und seitdem ist es immer so geblieben.
Wenn ich in diesem Buch den Begriff Theologe benutze, beziehe ich mich auf die Elite der Gelehrten und ihre Jünger welche sich selbst als offizielle Ausleger der Schrift aufgestellt haben.
Auf keinen Fall beabsichtige ich Christen zu kritisieren oder zu verdammen welche das Verlangen

haben so viel wie möglich darüber zu ler-nen was Gott uns über sich selbst, Jesus Christus, die Menschheit, die Errettung, das Leben nach dem Tod und eine ganze Reihe anderer biblischer Themen offenbart hat.

Meine Kritik gilt jener Elite welche für sich das Recht in Anspruch nimmt die Schrift auszulegen und anderen jenes Recht verweigert.Mir geht es um arrogante Akademiker und kirchliche Autoritäten welche behaupten dass sie das Neue Testament besser verstehen als jene Christen welche näher an der Zeit der Apostel dran waren.

Seit der Zeit. als sie an die Macht kamen, haben solche Theologen Krieg gegen die wahren Kinder des Reiches geführt. Viele Jahrhunderte haben diese Theologen mit Feuer und Schwert gegen die Kinder des Reiches gekämpft, aber auch mit Worten.

Jedoch war dieser Kampf mit Worten effektiver als der Kampf mit Feuer und Schwert. Und leider sind auch heute viele *Kingdom Christians*[2] von den heutigen theologischen Mobbern eingeschüchtert. Viele haben komplett die Theologie ihrer ehemaligen Verfolger adoptiert. Und sie fürchten sich zu predigen oder in der Sonntagsschule zu lehren ohne Bibelkommentare, theologische Handbücher oder Studienbibeln der Theologen zurate zu ziehen - weil sie Angst haben etwas "Falsches" zu lehren,

Als Resultat davon haben die Theologen effektiv dass„*Kingdom Christianity*", *das Christentum das auf das Reich Gottes schaut, von innen heraus zerstört.*

Und es würde mich nicht wundern, wenn die heutigen Kingdom Christians die meisten von Jesu Lehren innerhalb von einer Generation oder zwei Generationen verlieren würden.

Aber das muss nicht so sein. Bürger des Reichs Gottes können wir lernen aufzustehen gegen die heutigen theologischen Mobber. Aber um das effektiv tun zu können müssen wir erst verstehen wie es ursprüngliche Christentum am Anfang aussah und wie die Theologen an die Macht kamen.
Auch müssen wir verstehen welcher Mittel sich Theologen tagtäglich bedienen um das Zeugnis des Wortes Gottes zu dämpfen.

Sobald wir einmal diese Dinge verstehen, ist es nicht sehr schwer die meisten Theologen demaskieren, als die Geistlichen Betrüger die sie leider oftmals sind.

2 Die ersten Theologen

Als Gott sich die Israeliten als sein besonderes Volk aussonderte, gab er ihnen das Gesetz Mose, welches zusam-men mit dem Buch Genesis den Anfang der Heiligen Schrift bildet.

Nach Mose Tod, sagte Gott zu Josua:

> *Lass dieses Buch des Gesetzes nicht von deinemMund weichen, sondern forsche darin Tag und Nacht, damit du darauf achtest, alles zu befolgen, was darin geschrieben steht; denndann wirst du Gelingen haben auf deinenWegen, und dann wirst du weise handeln!*[Josua 1:8]

Und auch wenn die meisten Israeliten keine Kopie der Schrift in Ihrem persönlichen Besitz hatten, war ist doch eine Pflicht der Priester und Leviten die Heilige Schrift den Leuten vorzulesen so dass sie damit vertraut wären **(siehe 2. Chronik 17:9)**.

Wie dem auch sei, sagte Gott den Priestern und Leviten niemals, das ist ihre Pflicht wäre oder ihr Amt die Schrift zu interpretieren.Gott schuf keine theologische Hierarchie, um die Schrift für die Leute zu analysieren, noch wies er die Gründung von Seminaren oder theologischen Hochschulen an, um Lehrer oder Theologen in der " richtigen Auslegung " des Gesetzes zu schulen.

Stattdessen, hat Gott durch all die Jahrhunderte hinweg, Propheten zu den Israeliten geschickt die sie ermahnen und warnen sollten wenn sie sich von Gottes Wegen entfernten.

Aber die Propheten waren keine Theologen, und Gott hat die Propheten niemals als hierarchische Klasse eingesetzt.Weil die Israeliten fortlaufend versagten, auf Gottes Anweisungen zu hören,erlaubte dieser den Assyrern und Babylonien, die Israeliten aus dem gelobten Land zu verschleppen und sie in die Gefangenschaft zu führen.

Jahre später, kehrte ein Überrest der Juden von Babylon in das gelobte Land zurück, um den Tem-pel wieder aufzubauen. Der Zeitraum von der Wieder-herstellung des Tempels bis zur Zerstörung durch die Römer im Jahr 70 nach Christus wird oft als die Zeit des zweiten Tempels bezeichnet.Während der Zeit des zweiten Tempels, begannen die Juden Synagogen zu etablieren.

Dies waren Orte der Versammlung wo Juden sich zum Gebet und zum Lesen der Schrift treffen konnten. Weil die Juden zu jeder Zeit ziemlich verstreut im ganzen Mittelmeerraum lebten erlaubte ihnen dass sowohl ihre Identität als auch das Gesetz Mose zu bewahren, auch wenn viele von ihnen in Ländern lebten die weit vom Tempel entfernt waren.
Während derselben Periode, gab es verschiedene religiöse Führer die aufstanden und sicher gehen wollten,dass das jüdische Volk nicht mehr gegen
das Gesetz Mose sündigen und wieder in Gefangenschaft kommen würde.

Unter diesem religiösen Führer waren die Sadduzäer(eine Gruppierung aus der Priester-schaft) und Pharisäer (welche nicht generell Priester oder Leviten waren).Außerdem gab es gelehrte Männer die als Schriftgelehrte bekannt waren.

Obwohl diese Gruppen von religiösen Führer mit guten Intentionen angefangen haben, entwickelten sie sich von einfachen Pastoren und Lehrern, zu einer hierarchischen Elite, die über den einfachen Gläubigen stand. Von Männern, die die rechte Hand Gottes auf Erden werden wollten, wurden sie zu Gottes Feinden. Sie veränderten sich von echten geistlichen Wegweisern für die Juden zu spirituellen Herrenmenschen welche die Leute tyrannisieren. Davon die Leute zu erleuchten, wechselten sie dazu die Leute komplett unwissend zu halten. Und zu der Zeit Jesu, wurden diese Leute mit dem Titel Rabbi angeredet was wörtlich *"mein Meister"* oder *"mein Großer"*[2] bedeutet.

Diese Elite von Theologen benutzte zwei grund-legende Methoden um die gewöhnlichen Juden zu unterdrücken, und ihnen den Eindruck zugeben, dass Theologen allein in der Lage wären die Schri-ften richtig zu verstehen. Diese zwei Kontroll-mechanismen waren:

1. Ihre linguistischen Fähigkeiten - im Besonderen ihre Kenntnis des hebräischen
2. Ihr Status als offizielle Ausleger des Gesetzes.

Linguistische Fähigkeiten nutzen um zu unterdrücken

Leute mit linguistischen Fähigkeiten können ihre Fähigkeiten zur Ehre Gottes und zum Wohl seiner Leute nutzen.

Aber Linguisten, können ihre Fähigkeiten auch nutzen, um sich selbst eine erhöhte Position über ihre Brüder und Schwestern zu verschaffen. Sie können Ihre Gelehrtheit als Weg nutzen um andere zu unterdrücken, die nicht solche Gelehrtheit besitzen. Und das ist ganz genau das, was die jüdischen Theologen getan haben.

Zur Zeit Jesu, konnten die meisten Juden weder fließend das biblische Hebräisch sprechen, noch verstehen.[3] Stattdessen war ihre Alltagssprache entweder Aramäisch oder Griechisch, je nachdem wo sie lebten.

Auch wenn die meisten Leute nicht länger Hebräisch verstehen konnten, lehnten die Theologen es ab, dass die Heilige Schrift in eine Sprache übersetzt wird die auch von den Leute verstanden werden kann. Sie glaubten die Schrift sei zu heilig um sie in andere Sprachen zu übersetzen.

Die Schrift sei auf Hebräisch verfasst worden, und deswegen müsste sie auch Hebräisch bleiben!

Also gründeten die jüdischen Theologen Schulen welche die zukünftigen Theologen in der hebräischen Sprache ausbilden sollten.

In den aramäischsprachigen Synagogen Palästinas, Babylons und anderer westlicher Regionen, wurde einVorleser eingesetzt, um die Schrift den Leuten auf

Hebräisch vorzulesen. Und wenn die Schrift gelesen wurde, hat ein Schriftgelehrter oder Synagogenleiter auf Aramäisch eine Erklärung zu der Bibelstelle gegeben, und was diese zu bedeuten habe. Diese freien, aramäischen Übersetzungen wurden *Targum* genannt. Dennoch verboten die Theologen dass diese Targums niedergeschrieben werden. Als Resultat davon, wurde bis nach der Zeit Christi keine dieser aramäischen Targum nieder-geschrieben.

Und selbst als diese Targum endlich doch schriftlich aufgezeichnet wurden waren sie unter den gewöhn-lichen Juden nicht sehr weit verbreitet. Diese waren hauptsächlich etwas zum Lesen und zum studieren für Rabbiner.

Daher, waren die aramäischsprachigen Juden mehr oder weniger vollkommen abhängig von den jüdi-schen Theologen und ihrem Wissen der Schrift. Sehr wenige gewöhnliche Juden hätten es gewagt, die Lehre der Schriftgelehrten und anderer Leiter anzuzweifeln, da diese Leiter immer hätten sagen können: *"Nun die hebräische Textstelle bedeutet tatsächlich dies oder dies ... "*, und der gewöhnliche Jude wäre nicht in der Lage gewesen das anzuzweifeln.

Die griechischsprachigen Juden waren da schon besser dran - wenn auch nicht wegen der Theologen. Durch die Führung Gottes lud der grie-chische Herrscher von Ägypten, Ptolemäus, im dritten Jahrhundert vor Christus, studierte Juden ein,um nach Ägypten zu kommen und hebräische Heilige Schrift ins Griechische zuübersetzen. Das tat er weil er eine Bibliothek zusammenstellte welche die Schriften der Weisheit aus allen zivilisierten Völkern auf der Erde enthalten sollte. Und so hat Gott durch Ptolemäus einen Weg eröffnet, um die Theologen herum zu kommen und die Schrift in der Sprache verfügbar zu machen, welche die meisten Menschen im Mittelmeerraum verstehen konnten. Die griechische Übersetzung des Alten Testamentes welche unter der Aufsicht des Ptolemäus erstellt wurde, ist als die Septuaginta bekannt. Dies bedeutet "Siebzig", Wegen der 70 Übersetzer die an dem Projekt mitarbeiteten.

Eine bedeutende Tatsache über die Septuaginta ist, dass sie nicht in das Hochgriechisch der klassischen griechischen Literatur übersetzt wurde.
Stattdessen,wurde es ins Koine-Griechisch übersetzt, das Alltagsgriechisch welches die gewöhnlichen Leute auf derStraße sprachen. Zu dieser Zeit war das eine unerhörte Sache, aber Gott sorgte dafür dass die Heilige Schrift in der Sprache verfügbar wurde die die gewöhnlichen Leute tatsächlich sprachen - und nicht in der literarischen Sprache einer Elite.

Und auch wenn die Septuaginta die griechischsprachigen Juden von den linguistischen Unterdrückern befreite, half das nicht ihren aramäischsprachigen Mitjuden. Und die jüdischen Theologen, hatten noch andere Wege, um die geistige Kontrolle auch über die griechischsprachigen Juden zu behalten.Und das war ihr Status als die "offiziellen Ausleger" desGesetzes.

Die offiziellen Ausleger des Gesetzes

Viele Gebote des Herrn im Gesetz, sind nicht bis ins Detail präzisiert. Zum Beispiel sagt das Gesetz:

> Sechs Tage soll gearbeitet werden, aber der siebte Tag soll euch heilig sein, dass ihr die Sabbatruhe des Herrn feiert. Wer da Arbeit verrichtet, der soll sterben. 2 Mose 35:2

Gott gab den Israeliten keine präzise Definition was alles *"Arbeit "* betrifft. Tatsächlich gab er ihnen nur ein einziges definitives Beispiel was "Arbeit" ist, und das ist das Feuer zu schüren. Offensichtlich, sind auch andere Aktivitäten Arbeit. Jeder vernünftige Israelit konnte daraus schließen dass wenn ein Feuer zu schüren Arbeit ist, dann ist es auch Arbeit ein Feld zu pflügen, Früchte zu ernten, oder Güter zu verkaufen.

Aber natürlich gibt es da auch noch eine große Grauzone. Was ist damit spazieren zu gehen, sich um eine verletzte Person zu kümmern, ein Bad zu nehmen oder einen Stein zu schmeißen? Ist eines dieser Dinge der Definition nach "Arbeit?"
Vielleicht alle davon, oder vielleicht keins davon. Wer kann das schon sagen? Die Theologen jedoch erklärten dass SIE es mit Bestimmtheit sagen könnten. Sie stützten ihre Autorität auf die fiktive Behauptung dass es zusätzlich zum niederge-schriebenen Gesetz Mose, noch ein mündlich über-liefertes Gesetz gäbe welches von der Zeit Mose über die Jahrhunderte, durch die Theologen weiter-gegeben wurde. Dieses mündliche Gesetz würde angeblich die Lücken im niedergeschriebenen Gesetz

füllen, und nur jene die in einer rabbinischen Schule studiert hatten kannten das mündliche Gesetz, so ihre Behauptung.

Zum Beispiel, wenn jemand wissen wollte ob am Sabbat mit Steinen zu schmeißen Arbeit wäre, nun, da hatten die Theologen die Antwort:

> *„Wer etwas vier Ellen [weit] gegen eine Wand wirft, [so dass es] oberhalb der Zehen Hand Breiten[sie trifft], so ist es, als ob er in die Luft geworfen hätte, Unterhalb der Zehn Handbreiten ist es, als ob erauf die Erde geworfen hätte. Wer etwas auf die Erde vier Ellen wirft, ist schuldig.*
> *Wenn er [etwas] innerhalb von vier Ellen warf und es rollte über vier Ellen hinaus so ist er schuldfrei;[warf er] über vier Ellen hinaus, und es rollteinnerhalb der vier Ellen zurück, so ist er schuldig.*
> *Wer[etwas] ins Meer vier Ellen[weit] wirft, ist Schuld frei; wenn es seichtes Wasser ist, wodurch ein öffentliches Gebiet geht, so ist, wer[etwas] vier Ellen [weit] hineinwirft, schuldig.*
> *Wie viel aber darf das seichte Wasser[betragen]? Weniger als zehn Hand-breiten. Seichtes Wasser, wodurch ein öffentliches Gebiet geht, wer in das selbe [etwas] hinein wirft vier Ellen [weit] ist schuldig." [4]*

Also, den Theologen sei Dank, konnte ein Jude wissen wie Gott darüber denkt wenn er am Sabbat einen Stein schmeißt!

Aber was nun wenn jemand am Sabbat etwas schreibt -oder nur mit einem Stift kritzelt?

Nun auch hier haben die Theologen eine Antwort!

Und zwar:

> *Wer zwei Buchstaben einmal sich vergessend*
> *schreibt, ist schuldig....Schreibt er mit Flüssig-*
> *keiten oder mit Fruchtsaft oder in Wegesand oder*
> *in Schreibersand und in alles, was keinen Bestand*
> *hat so ist er schuldfrei.*
> *[Schreibt er] mit umgekehrter Hand, mit seinem*
> *Fuß, mit seinem Mund, mit seinem Ellenbogen,*
> *schreib er einen Buchstaben nahe an geschrie-*
> *benes, Schrift auf Schrift,... So ist er schuldfrei.* [5]

Ich könnte jetzt also ewig weitermachen. Zwei Stiche zu nähen ist Sabbatschändung, ebenso das Schneiden von Fingernägeln.Einen gebrochenen Knochen zu richten verletzt ebenso den Sabbat wie ein Floh zu töten der einen beißt.Und auch wenn diese Theologen dachten dass sie Gottes Werk täten, arbeiteten sie tatsächlich gegen ihn. Sie verderben das Denken des jüdischen Volkes mit einem bösen Sauerteig.

Was also ist nun der Sauerteig der Schriftgelehrten und Pharisäer, der Theologen jener Tage?

3 Was ist der Sauerteig der Theologen?

Jesus warnte seine Jünger:

> *Jesus aber sprach zu ihnen: Habt acht und hütet euch vor dem Sauerteig der Pharisäer und Sadduzäer!"* Matthäus 16:6

Die Pharisäer und die Sadduzäer waren die zwei führenden Gruppen der jüdischen Theologen. Und Jesus gebrauchte den Begriff Sauerteig im Zusammenhang mit diesen Theologen, im Bezug auf ihre Lehre. Und dabei ging es nicht um bestimmte Lehren selbst,sondern ihr ganzes Vorgehen wie sie das Gesetz lehrten und auslegten. Und ihr Vorgehen war in den Augen Gottes böse. IhrHerangehen an die Schrift wurde von vier von Grund auf bösen Dingen charakterisiert:

> **1.** Sie verfehlten das große Ganze was Gott der Menschheit sagen will
>
> **2.** Sie fügten Menschenlehre der Schrift hinzu
>
> **3.** Sie verleugnet einige von Gottes Geboten
>
> **4.**Sie verwandelten die Schrift in etwas das nur eine Elite ordentlich lesen und interpretieren könnte.

Das Große und Ganze verfehlen

Die Theologen verpassten das große und ganze weil siesich auf Einzelheiten aus dem Gesetz fokussierten anstattauf die großen Dinge: Liebe, Barmherzigkeit, Glaube,Gerechtigkeit, und Vergebung.

Jesus hat die Theologen sehr passend beschrieben, als er sie gescholten hat und sagte:

> *"Wehe euch, ihr Schriftgelehrten und Phari-säer, ihr Heuchler, dass ihr die Minze und den Anis und den Kümmel verzehntet und das Wichtigere im Gesetz vernachlässigt, nämlich das Recht und das Erbarmen und den Glauben! Dieses sollte man tun und jenes nicht lassen. Ihr blinden Führer, die ihr die Mücke aussiebt,das Kamel aber ver-schluckt!"*[Matthäus 23:23-24]

Indem sie das Gesetz zu Tode analysierten, war das Ende der Geschichte, dass sie den gesamten Zweck und die gesamten Geist des Gesetzes verfehlten. Und wenn du die Schriftgelehrten und Pharisäer gefragt hättest was die zwei größten Gebote sind, hätten sie dir vermutlich die richtige Antwort ge-geben:

> *1) Gott lieben mit ganzem Herzen, ganzer Seele,und ganzem Denken*
> *2) Deinen Nächsten nächsten lieben wie dich selbst.*

Wie dem auch immer sei, wären das akademische Antworten gewesen, die Sorte Antwort die ihnen er-möglicht hätte eine Note 1 in einem Examen zu bekommen. Sie waren sich dieser Antwort mehr im

Kopf bewusst als in ihrem Herzen.

Und leider, hatten die Einzelheiten, mit deren Interpretationen sich die Theologen ihre Zeit verbrachten wenig mit der Liebe zu tun. Sie haben keine detaillierten Richtlinien dafür kreiert was es bedeutet seinen Nächsten zu lieben oder barmherzig mit jemandem zu sein.

Vielmehr betrafen die Regulationen Dinge wie die Sabbateinhaltung, Ersatz für Schäden durch Fehlverhalten, die Formalitäten für eine gültige Eheschließung oder Scheidung, Nasiräergelübde, das Geben des Zehnten oder das Paschafest.
Kurzum, sie dachten das Ritualgesetze und Zeremonien und die Einhaltung Heilige Tage der wichtigste Teil des Gesetzes seien.

Die meisten der jüdischen Theologen waren in der Lage viele der Prophezeiung im Alten Testament über das Kommen des Messias zu identifizieren. Doch als der Messias dann endlich kam, da ver-sagten sie ihn als diesen zu erkennen. Das endete dann damit dass sie ihn zu Tode brachten. Sie hatten viel Wissen, und verstanden doch wenig.
Sie waren unfähig das *Big Picture* zu sehen. Und doch gab es tausende Juden welche wenig von den Feinheiten des Gesetzes verstanden, jedoch keine Schwierigkeiten hatten den Messias zu erkennen als er erschien.

Was sucht Gott?

Der Sinn des Gesetzes was die Juden auf Christus und sein Königreich vorzubereiten. Und was für eine Art Leute wollte Gott für die Vorbereitung seines Königreichs?
Er sucht Leute in eine von Früchten geprägte
Liebesbeziehung im Glauben mit ihm treten und die Früchte einer solchen Beziehung bringen.
Wie der Prophet Micha sagt:

> Ws ist dir gesagt, o Mensch, was gut ist und was der Herr von dir fordert: Was anders als Rechttun, Liebe üben und demütig wandeln mit deinem Gott?" Micha 6:8

Aber die Theologen stellten sich vergeblich vor dass Gott Personen sucht die ihren Kopf mit "Wissen" aus der Schrift und jüdischen Traditionen vollgestopft haben.Sie fanden einen Weg zu Gott welcher keine gött-liche /geheiligte Frucht brauchte - sondern nur Wissen und sklavenhaften Gehorsam gegenüber menschlichen Traditionen. Sie dachten dass Gott Leute haben will, die bescheid wissen wie weit man einen Stein am Sabbat zu schmeißen hat. So dachten dass sie Gott und sein Wort ehren, indem sie es vermieden seinen heiligen Titel, YHWH (Welcher üblicherweise als Jahwe oder Jehova auf Deutsch übersetzt wird) auszusprechen.

Sie dachten sie respektierten Gottes Wort indem sie Regulation und Rituale erschufen, von denen sie meinten dass der richtige Umgang damit wäre:
Wie viel Platz muss man zwischen jedem Buchstaben

lassen wenn man das Gesetz abschreibt, und wie breit und lang muss die verwendete Schriftrolle sein, welchen Ritualen muss man wenn man die heiligen Rollen berühren will, und wie beerdigt man Schriftrollen wenn sie abgenutzt sind?

Aber das ist nicht das wonach Gott sucht. Er sucht nach Frucht - Frucht wie Barmherzigkeit und Liebe für den Nächsten. Frucht wie die Unterstützung und das Ehren der eigenen Eltern.

Denn Gott hatte den Israeliten gesagt:

> *"So spricht der Herr der Heerscharen: Übt getreulich Recht, und jeder erweise seinem Bru-der Gnade und Erbarmen; bedrückt nicht die Witwen und Waisen, auch nicht den Fremdling und den Armen, und keiner sinne Böses in seinem Herzen gegen seinen Bruder!"* Sacharja 7:9-10

Und weiter:

> *"Wer den Schwachen unterdrückt, der lästert seinen Schöpfer, wer Ihn aber ehren will, der erbarmt sich über den Armen."* Sprüche 14:31

Der Heiligen Schrift Menschenlehre hinzufügen

Das Neue Testament beschreibt das Gesetz als Last *(Siehe Apostelgeschichte 15:28)*. Es war drückend genug ganz ohne dass Gebote hinzugefügt werden. Wenn die Schriftgelehrten und Pharisäer wirklich das Herz und die Gedanken Gottes erfasst hätten, hätten sie das realisieren müssen. Aber wie wir gesehen haben, waren sie unfähig das *big picture* zu sehen. Sie dachten dass sie Gott mit einem sklavenhaften, akribischen Gehorsam gegenüber jedem nur erdenklichen Detail des Gesetzes zufriedenstellen würden, und so schützen Sie zusätzlich zu den von Gott gegebenen hinzu.

Nun, es gibt einen Unterschied dazwischen neue Gebote aufzulegen oder sinnvolle Anwendungen von existierenden biblischen Geboten zu finden.

Und schließlich war die alttestamentliche Gemeinde verantwortlich dafür das Gesetz Mose durchzusetzen. Daher machte es durchaus Sinn sorgfältig bei der Anwendung des Gesetzes zu sein. Und am Sabbat nicht zur Arbeit zu gehen bedeutete offensichtlich ein bisschen mehr als kein Feuer zu schüren, was die eine spezifische Anwendung ist die Gott explizit erwähnt. Und natürlich konnte ein Mann der am Sabbat sein Feld pflügte nicht behaupten er wäre unschuldig, weil Gott das Pflügen nicht explizit erwähnt hätte. So eine Anwendung folgt dem gesunden Menschenverstand.

Als die Theologen jedoch in die Definition von Arbeit auf Dinge wie das richten eines gebrochenen Knochen oder das ausschütteln eines Lakens auf einem Strohbett vor dem zu Bett gehen erwei-terten, legten sie sinnlose schwere Lasten auf die Schultern der Menschen. Und hatten damit neue Gesetze erschaffen.

Aber es gibt auch noch einen zweiten Weg auf dem die Theologen neue Gesetze erschufen. Wie ich bereits erwähnte, behaupteten die Theologen dass es zusätzlich zu Gottes Gesetz noch ein mündliches Gesetz geben würde welches von Mose an durch die verschiedenen Generationen von Schriftgelehrten durch die bewacht wurde. Und angeblich enthielt diese mündlich überlieferte Gesetz Gebote die nicht in der Schrift enthalten waren. So verlangten die Theologen verschiedene rituelle Waschungen die nicht in der Schrift zu finden sind *(siehe Matthäus 15:1,2)*.

Aber die Wahrheit ist dass es nie so ein mündliches Gesetz gegeben hat es war schlicht und einfach eine Erfindung der Theologen.

Das Verleugnen von Gottes Geboten

Man könnte nun meinen, dass weil die Theologen so viele Bestimmungen zum Gesetz hinzugefügt haben, sie wenigstens nichts von den Geboten des Gesetzes weggenommen haben schon enthalten gewesen sind. Aber genau hier liegt die Ironie des Sauerteigs der Pharisäer. Sie haben nicht nur zum Gesetz hinzugefügt,sie nahmen auch davon weg, Jesus selbst wies darauf hin.
Zum Beispiel, ist eines der elementaren Gebote des Gesetzes dass man Vater und Mutter ehrt. Das Wort "*ehren*" deutet im Englischen oder Deutschen nichts anderes als jemandem Respekt zu erweisen.
Jedoch beim lesen des Neuen Testament ist klar dass die tiefere Bedeutung des hebräischen (*hadar*) und des griechischen Wortes (*timaoi*) auch die Bedeutung von finanzielle Unterstützung beinhaltet.
(Siehe Mt. 15:4–6; 1 Ti. 5:3,17,18).

Mit anderen Worten, es war ein direktes Gebot Gottes an die Israeliten ihre alternden Eltern zu unterstützen.Die Theologen jedoch lehrten dass eine Person sein Vermögen zum "Korban" erklären könnte, woraufhin er dann nicht mehr seine Eltern unterstützen muss. Wenn man etwas für Korban erklärte bedeutete das, dass man es Gott weiht. Und wenn es einmal zum Korban erklärt wurde, konnte keine dritte Partei darauf Anspruch erheben.

Es wurde erwartet, dass wenn jemand sein Vermögen zum Korban erklärte, einen Teil davon an die Schriftgelehrten und Pharisäer oder die Synagogen spendet, die sie kontrollierten. Von dem System Dinge zum Korban zu erklären, profitierten also vor allem die jüdischen Theologen.

Es war auch sehr angenehm für Erwachsene, die ihre Eltern nicht mehr unterstützen wollten.

Diese selbstsüchtige Praxis jedoch, ist ein Bruch von Gottes ausdrücklichem Gebot, für die eigenen Eltern zu sorgen, und verdammte viele ältere Juden zur Armut.

Den Leuten die Schrift wegnehmen

Auch wenn das Alte Testament unter der Aufsicht der jüdischen religiösen Leiter kopiert und bewahrt wurde, entzog das System der Schriftgelehrten den einfachen Menschen effektiv die Heilige Schrift. Wegen der Lehren dieser Leiter, kamen die gewöhnlichen Juden zu dem Schluss die von Gott inspirierte Schrift seien nicht ausreichend.

Würde denn ein normaler Mensch der **Exodus 35:2** liest, zu dem Schluss kommen dass er den Sabbat schändet, weil er ein Floh erschlägt der ihn beisst oder dass er den Sabbat schändet weil er seinen Namen auf ein Stück Papier schreibt?

Natürlich kommt man nicht zu diesem Schluss.

Doch den Theologen zufolge, war das Sabbatschändung und damit ein todeswürdiges Vergehen.

Also fürchteten sich die Juden davor nur auf das Gesetz zu hören und einer sinnvollen Anwendung desselben zu folgen. Um Gott nicht zu verärgern, dachte die jüdische Gemeinschaft dass es besser wäre wenn sie sich von ihren Theologen sagen lassen würden was das Gesetz wirklich bedeutet.

Gott hat die Heilige Schrift so eingegeben dass sie von einfachen Menschen verstanden werden kann. Doch die Theologen, verwandelten die Heilige Schrift in etwas das für eine spirituelle Elite bestimmt ist, für die Männer die in rabbinischen Schulen ausgebildet wurden.

Die Gesamtauswirkung des Sauerteiges

Die Gesamtauswirkung der menschlichen Gebote, Kommentare, Interpretationen, und Heuchelei der Schriftgelehrten und Pharisäer, so wie ihr spirituelles Elitedenken stellten den Sauerteig dar vor dem Jesus uns gewarnt hat.

Der Einfluss der Sauerteig ist der Theologen war geistestötend und zerstörte den Sinn des Gesetzes. Die Heilige Schrift selbst wurde nutzlos, weil sie nur das bedeutete was die Theologen sagten dass sie bedeutet.

Es hätte für das Individuum überhaupt keinen Sinn gemacht, die Heilige Schrift auf eigene Faust zu studieren. Der durchschnittliche Jude dachte dass er die Heilige Schrift wahrscheinlich ohne Hilfe der Theologen überhaupt nicht verstehen könnte. Und am Ende hatten die jüdischen Theologen die Heilige

Schrift durch ihre Traditionen aufgelöst.
Die Theologen kontrollierten was die Menschen über Gott und seinen Umgang mit den Menschen lernten, auch wenn sie selbst in totaler Finsternis lebten.

Ich finde das lässt sich gut mit einem alten Segelschiff vergleichen. Als das neue Schiff den Hafen verließ, konnte es sich mit einer beachtlichen Geschwindigkeit bewegen. Mit der Zeit jedoch beginnen Muscheln und andere Krustentiere sich an dem Rumpf des Schiffes festzusetzen, über die Jahre, kommen immer mehr und mehr See-pocken, Muscheln und Krustentiere dazu welche das Gewicht des Schiffes erhöhen. Irgendwann wird das Schiff durch das Gewicht so langsam dass es fast schon dahin kriecht.

Das ist der Zeitpunkt, an dem das Boot oder Schiff auf das Trockendock gesetzt werden muss und die Seepocken und Schalentiere entfernt werden müssen. Ansonsten ist das Schiff irgendwann praktisch nutzlos.
Mit dem Sauerteig der Schriftgelehrten und Pharisäer passiert genau dasselbe mit der Heiligen Schrift. Gott hatte den Israeliten exakte, wörtlich eingegebene Schriften gegeben die sie brauchten. Doch über die Jahre hatten diese jüdischen Theologen soviel von ihrem Sauerteig hinzugefügt, dass die Schrift einem Schiff glich das von Seepocken und Schalentieren runter gezogen wurde. Und das ist der Zeit. wo jemand kommen musste um die Muscheln und Schalentiere zu entfernen!

4 Wie Jesus die Theologen stürzte

Als Jesus auf der Bildfläche erschien, verschwen-dete er keine Zeit die theologischen Muscheln und Seepocken zu entfernen. Noch bevor Jesus überhaupt mit seinem Dienst begann, trat Johannes der Täufer vom Geist geleitet auf um ihm den Weg zu bereiten. Und Johannes der Täufer eröffnete das Feuer auf die jüdischen Theologen indem er über ihre Früchte sprach.

Er sagte zu ihnen:

> *Als er aber viele von den Pharisäern und Sad-duzäern zu seiner Taufe kommen sah, sprach er zu ihnen: Schlangenbrut! Wer hat euch eingeredet, ihr könntet dem zukünftigen Zorn entfliehen? So bringt nun Früchte, die der Buße würdig sind! Und denkt nicht, bei euch selbst sagen zukönnen: »Wir haben Abraham zum Vater«. Denn ich sage euch: Gott vermag dem Abraham aus diesen Steinen Kinder zu erwecken!*
> Matthäus 3:7-9

Wir haben bereits gesehen warum die jüdischen Theologen es verdient hatten, mit solchen harten Worten gegeißelt zu werden. Sie hatten versucht einen Weg zu Gott zu kreieren der keine göttliche Frucht braucht.

So wie Jesus es sagt:

> *Wehe euch Gesetzesgelehrten, denn ihr habt denSchlüssel der Erkenntnis weggenommen! Ihr selbst seid nicht hineingegangen, und die, welche hineingehen wollten, habt ihr daran ge-hindert!*
> Lukas 11:52

Die King James Version übersetzt hier "Attorney", was auf Deutsch Rechtsgelehrter oder Anwalt bedeutet. Die jüdische Gesellschaft in Jesu Tagen hatte keine Anwälte. Die Rechtsgelehrten von denen hier die Rede ist waren Theologen, die so-genannten Experten im Gesetz.
Sie selbst sahen sich als Beschützer und Bewahrer des Gesetzes. Doch tatsächlich, waren sie genau das Gegenteil. Sie hatten das Gesetz verdorben und hatten *"den Schlüssel der Erkenntnis"* den einfachen Gläubigen weggenommen.

So haben die Theologen die Leute in totale Abhängigkeit von sich getrieben wenn es um die Schrift und um das Wissen über Gott ging.
Doch haben sie den Weg ins Reich Gottes blockiert.
Sie selbst haben nicht die Früchte des Reiches Gottes produziert,und sie hinderten andere daran selbst diese Früchte zu produzieren.
Und Verlauf seines Dienstes, hatte Jesus zwei Methoden, durch welche die Theologen die Leute in Ketten hielten, zerstört.

Wie wir gesehen haben, war eine davon die Überlegenheit durch die Kenntnis der hebräischen Sprache.

Hat Jesus das hebräische zur heiligen Sprache erklärt, welche die einzige geeignete Sprache ist um Gottes Botschaften an die Menschheit zu übermitteln? Im Gegenteil! Stattdessen sind alle Überlieferungen seiner Lehre auf Griechisch![6]

Jesus ließ die hebräische Sprache links liegen, anders als die Theologen lehrte er seine Jünger nicht Hebräisch zu lesen so dass sie die Heilige Schrift in der *"Originalsprache* " lesen könnten. Tatsächlich stammen nahezu alle Zitate von Jesu Apostel aus dem Alten Testament aus der griechischen Septuaginta, und nicht aus den hebräischen Versionen die von den Theologen benutzt wurden.

Außerdem hat er, anstatt die Schriftgelehrten und Pharisäer als die "offiziellen Ausleger des Gesetzes" anzuerkennen, sie als *"blinde Blindenleiter*" bezeichnet,welche den gesamten Sinn des Gesetzes verpasst hatten.Die Theologen waren andauernd aufgebracht über Jesus weil er ihren Lehrern widersprach.

Die Theologen demaskieren

Wie wir grade gesehen haben, zeichnet Jesus das ganze jüdische theologische Systemen als Sauerteig vor dem sich die Kinder des Reichs Gottes hüten müssen. Wegen der haarspalterischen Interpretationen des Gesetzes, scholt Jesus die religiösen Leiter da sie den Menschen schwere Bürden aufbanden welche untragbar sind (Siehe **Matt. 23:4**).

Ferner wies Jesus ihre Behauptungen zurück dass sie die mündlich überlieferten Traditionen Moses bewahren würden. Stattdessen setzte er sich dauerhaft über ihre Traditionen hinweg, weil sie Menschen Gebote waren. Das sehen wir etwa als er die Einladung eines Pharisäers zum Essen annahm:

> Und während er redete, bat ihn ein gewisser Pharisäer, bei ihm zu Mittag zu essen. Und er ging hinein und setzte sich zu Tisch.
> Der Pharisäer aber verwunderte sich, als er sah, dass er sich vor dem Mittagsmahl nicht gewaschen hatte. Da sprach der Herr zu ihm: Nun, ihr Pharisäer, ihr reinigt das Äußere des Bechers und derSchüssel, euer Inneres aber ist voll Raub und Bosheit.Ihr Toren! Hat nicht der, welcher das Äußere schuf, auch das Innere gemacht? Gebt nur von dem, was darin ist, Almosen, siehe, so ist euch alles rein!Lukas 11:37-41

Bei einer anderen Gelegenheit sprach Jesus dasselbe Thema der zeremoniellen Reinwaschung der Theologen an:

> Denn ihr verlasst das Gebot Gottes und haltet die Überlieferung der Menschen ein, Wa-schungen von Krügen und Bechern; und viele andere ähnliche Dinge tut ihr.Markus 7:8

All diese extrabiblischen Gebote waren nicht wirklich das mündliche Gesetz welches seit Mose überliefert worden war. Es waren nur die Traditionen der Menschen.
Und nicht nur das, Jesus zog die Theologen dafür zur Rechenschaft dass sie Gottes Wort unwirksam machen.

Er sagte ihnen:

> *...und so hebt ihr mit eurer Überlieferung, die ihr*
> *weitergegeben habt, das Wort Gottes auf;*
> *und viele ähnliche Dinge tut ihr.* ^{Markus 7:1}

Keine Theologen im Königreich

Jesus ging noch viel weiter als einfach nur die Schriftgelehrten und Pharisäer als Heuchler zu überführen und ihre Lehren anzugreifen. Das Problem war nicht nur dass diese Theologen die falschen Dinge lehren. Das Problem war überhaupt die Existenz einer theologischen Klasse. Denn Theologen werden unausweichlich dabei rauskommen Gottes Wort zu verfälschen. Denn sie werden immer theologisches Wissen über Früchte stellen. Wenn Gott eine Klasse von Theologen gewollt hätte, hätte er sie von Anfang an einsetzen können. Gott braucht keine Theologen als offizielle Ausleger der Schrift. Sein Wort ist ausreichend.

Aus diesem Grund, sagte Jesus seinen Jüngern folgendesüber die Schriftgelehrten und Pharisäer:

> *Und sie lieben den obersten Platz bei den*
> *Mahlzeiten und die ersten Sitze in den Synagogen*
> *und die Begrüßungen auf den Märkten, und wenn*
> *sie von den Leuten »Rabbi, Rabbi« genannt*
> *werden. Ihr aber sollt euch nicht Rabbi nennen*
> *lassen, denn einer ist euer Meister, der Christus;*
> *ihr aber seid alle Brüder.*

> *Nennt auch niemand auf Erden euren Vater;denn einer ist euer Vater, der im Himmel ist.*
>
> *Auch sollt ihr euch nicht Meister nennen lassen; denn einer ist euer Meister, der Christus. Der Größte aber unter euch soll euer Diener sein. Wer sich aber selbst erhöht, der wird erniedrigt werden; und wer sich selbst er-niedrigt, der wird erhöht werden.* Matthäus 23:6-12

Eines der Probleme mit dem ganzen theologischen System ist dass es bestimmte Leute über andere erhöht. Und noch viel mehr, Theologen enden dabei ab dass sie große Teile von Gottes Wort unwirksam machen – egal wie ehrliche Absichten sein mögen. Das Reich Gottes braucht einfache Hirten und Lehrer, nicht Theologen die über ihren einfachen Brüdern stehen.

Durch seinen Dienst, machte Jesus klar dass sein Reich keine theologische Elite braucht. Und um in das Reich Gottes zu kommen muss man nicht zu den Füßen von hochgelehrten Theologen sitzen. Genau das Gegenteil ist der Fall. Man muss sich selbst demütigen und wie ein kleines Kind werden.

> *Zu jener Stunde traten die Jünger zu Jesus und sprachen: Wer ist wohl der Größte im Reich derHimmel? Und Jesus rief ein Kind herbei, stellte es in ihre Mitte und sprach: Wahrlich, ich sage euch: Wenn ihr nicht umkehrt und werdet wie die Kinder, so werdet ihr nicht in das Reich der Himmel kommen! Wer nun sich selbst erniedrigt wie dieses Kind, der ist der Größte im Reich der*

Himmel.Und wer ein solches Kind in meinem
Namen aufnimmt, der nimmt mich auf.^{Matthäus 18:1-5}

Tatsächlich ist es so dass im Reich Gottes nicht nur
eine theologische Ausbildung unnötig ist - sie ist
sogar hinderlich.Intellektuelle "Säuglinge" können
die Dinge des Reiches Gottes wesentlich besser
verstehen, als hoch geistliche Akademiker.
Wie Jesus sagte:

> *Zu jener Zeit begann Jesus und sprach: Ich preise*
> *dich, Vater, Herr des Himmels und der Erde, dass*
> *du dies vor den Weisen und Klugen*
> *verborgen und es den Unmündigen geoffenbart*
> *hast!*^{Matthäus 11:25}

Mit "*den Weisen und Klugen*" bezog sich Jesus
offensichtlich auf die weltliche Weisheit und Klug-
heit. Andere Übersetzer haben hier " *die Weisen und*
Verständigen " oder " *die Weisen und Gelehrten*"
übersetzt.[7]
Eine theologische Ausbildung ist keine Hilfe in den
Dingen des Reichs Gottes, wenn sie überhaupt etwas
ist, ist sie ein Hindernis. Als Jesus über die Säuglinge
predigte in das Reich Gottes eingehen, war das kein
bedeutungsloser Slogan, über den er sich selbst hin-
wegsetzt. Nein, er wählte seine 12 Apostel was einem
Kreis von Leuten aus der wenig gebildet war. Es
waren gewöhnliche, ungelernte Männer. Das was er
sie lehrte war Praxisbezogen. Jesus hat keine theologischen Seminare gegründet, Bibelschulen oder
Akademie so wie es die Schriftgelehrten und die
griechischen Philosophen getan haben.
Stattdessen nahm er die Jünger mit sich auf seine

Predigtreisen, und später sandte er sie selber aus um ihre eigenen Erfahrungen zu machen (Siehe **Matthäus 10**). Er machte sie zu Jüngern, nicht zu Akademikern.

Das Reich Gottes in Aktion

Und nichts veränderte sich an diesem System nachdem Jesus in den Himmel aufgefahren war. Die Fischer und einfachen Leute welche Jesus mit der Leiterschaft betraut hatte, erwiesen sich als ziemlich fähig in dieser Aufgabe. Die Leute strömten ins Reich Gottes, und die geistlichen Hirten waren in der Lage ihnen gesunde Lehre und Betreuung zu geben. Und in der Tat wuchsen die Nachfolger von Jesu Reich schnell zu einer großen Zahl heran.

Und als sie die sahen, wussten die jüdischen Theologen dass sie dem entweder Einhalt gebieten müssten, oder sie ihre Machtposition verlieren würden. Also ließen sie Petrus und Johannes ver-haften, die zwei Fischer die nun zu den Leitern der neuen Bewegung gehörten.Die jüdischen Theologen waren sich ziemlich sicher dass sie in der Lage sind diese *"ahnungslosen Fischer"* einzuschüchtern und zum Schweigen zu bringen. Sie mussten jedoch schnell feststellen dass das nicht funktioniert. Anstatt sich von den Theologen ins Bockshorn jagen zu lassen, wie die meisten Juden, antwortete Petrus ihnen furchtlos.Jüdischen Theologen wollten wissen durch welche Kraft er und Johannes einen Mann geheilt hatten. Voll des Heiligen Geistes erwiderte Petrus:

> *...so sei euch allen und dem ganzen Volk Israel bekannt gemacht, dass durch den Namen Jesu*

Christi, des Nazareners, den ihr gekreuzigt habt,den Gott auferweckt hat aus den Toten, dass dieser durch Ihn gesund vor euch steht.
Apostelgeschichte 4:10

Die religiösen Leiter waren schockiert:

Als sie aber die Freimütigkeit von Petrus und Johannes sahen und erfuhren, dass sie ungelehrte Leute und Laien seien, verwunderten sie sich; und sie erkannten, dass sie mit Jesus gewesen waren. Apostelgeschichte 4:13

Also beschlossen sie Petrus und Johannes gehen zu lassen, aber nicht ohne die deutliche Warnung dass sie nicht mehr über Jesus sprechen sollten.
Die Zeiten den die Theologen das geistige Monopol in Judäa hielten waren ein für allemal vorbei. Petrus und Johannes reagierten auf den Einschüchterungs-versuch der Theologen mit einer mutigen Erklärung:

Aber Petrus und Johannes antworteten ihnen und sprachen: Entscheidet ihr selbst, ob es vor Gott recht ist, euch mehr zu gehorchen als Gott!
Apostelgeschichte 4:19 (SCH2000)

Jahre vergingen und nichts änderte sich. Noch immer waren das gewöhnliche , ungelehrte Män-ner und die Apostel gründeten weder theologische Seminare noch gründeten sie irgendeine andere theologische Ausbildungsstätte für die nächste Generation der Leiter.
Paulus schreibt wie die Dinge im Reich Gottes laufen wie folgt:

... denn Christus hat mich nicht gesandt zu taufen, sondern das Evangelium zu verkündigen,

[und zwar] nicht in Redeweisheit, damit nicht das Kreuz des Christus entkräftet wird.

Denn das Wort vom Kreuz ist eine Torheit denen, die verlorengehen; uns aber, die wir gerettet werden, ist es eine Gotteskraft;denn es steht geschrieben: »Ich will zunichtemachen die Weisheit der Weisen, und den Verstand der Verständigen will ich verwerfen«.

Wo ist der Weise, wo der Schriftgelehrte, wo der Wortgewaltige dieser Weltzeit? Hat nicht Gott die Weisheit dieser Welt zur Torheit gemacht?Denn weil die Welt durch [ihre] Weisheit Gott in seiner Weisheit nicht erkannte, gefiel es Gott, durch die Torheit der Verkündigung diejenigen zu retten, die glauben.Während nämlich die Juden ein Zeichen fordern und die Griechen Weisheit verlangen,verkündigen wir Christus den Gekreuzigten, den Juden ein Ärgernis, den Griechen eine Torheit;denen aber, die berufen sind, sowohl Juden als auch Griechen, [verkündigen wir] Christus, Gottes Kraft und Gottes Weisheit.

Denn das Törichte Gottes ist weiser als die Menschen, und das Schwache Gottes ist stärker als die Menschen.Seht doch eure Berufung an, ihr Brüder! Da sind nicht viele Weise nach dem Fleisch, nicht viele Mächtige, nicht viele Vornehme; sondern das Törichte der Welt hat Gott erwählt, um die Weisen zuschanden zu machen, und das Schwache der Welt hat Gott erwählt, um das Starke zuschanden zu machen;und das Unedle der Welt und das Verachtete hat Gott erwählt, und das, was nichts ist, damit er zunichtemache, was etwas ist, ^{1 Korinther 1:17-28}

5 Das Königreich der Kinder

Dennoch könnte jemand den Einwurf bringen, Paulus sei doch selbst ein Theologe gewesen der in den rabbinischen Schulen ausgebildet wurde.

Und das stimmt. Menschen die eine höhere Bil-dung haben ist der Zutritt zum Reich Gottes nicht verboten. Und Gott kann auch solche Leute in seinem Königreich gebrauchen - aber nur wenn sie wie alle anderen auch bußfertig sind und bereit sich selbst zu demütigen und in das Reich Gottes als Kinder zu kommen. Um Christus zu dienen, musste Paulus den größten Teil seiner rabbinischen Ausbildung über Bord werfen.

Und so sagt Paulus den Korinthern:

> So bin auch ich, meine Brüder, als ich zu euch kam, nicht gekommen, um euch in hervor-ragender Rede oder Weisheit das Zeugnis Gottes zu verkündigen. Denn ich hatte mir vor-genommen, unter euch nichts anderes zu wissen als nur Jesus Christus, und zwar als Gekreuzigten. Und ich war in Schwachheit und mit viel Furcht und Zittern bei euch. Und meine Rede und meine Verkündigung bestand nicht in überredenden Worten menschlicher Weisheit, sondern in Er-weisung des Geistes und der Kraft, damit euer Glaube nicht auf Menschenweisheit beruhe, sondern auf Gottes Kraft. *1 Korinther 2:1-5*

Die ungläubigen Heiden gaben Zeugnis über die Wahrheit dessen was Paulus gesagt hat. Er schrieb nichtmit "überredenden Worten menschlicher Weisheit" oder "*hervorragender Rede*".

Im zweiten Jahrhundert, als christliche Schriften ihren Weg in die Hände der Römer fanden, lachten die Römer über die schlichten Worte die von Paulus und den anderen Schreibern des Neuen Testamentes benutzt wurden.
Als ich das erste Mal die abschätzigen Aussagen der Römer über die Schriften des Neuen Testamentes las war ich absolut erstaunt.
Ich wusste zwar seit ich ein Teenager war dass das Neue Testament auf Koine-Griechisch geschrieben war, also im umgangssprachlichen Alltagsgriechisch , und nicht dem klassischen Altgriechisch, ich dachte jedoch, dass der Unterschied eher wie der Unterschied zwischen amerikanischem Englisch und britischem Englisch sei.
Was mir nicht klar war, war das für gebildete Heiden das Koine-Griechisch nichts anderes als ein plumper Bauerndialekt war, ziemlich ungeeignet für ernstzunehmende Literatur.

Die frühen Christen haben nie bestritten dass das Neue Testament im schnörkellosem Griechisch verfasst war. So schrieb Justin der Märtyrer in seiner Apologie an die Heiden:

> *"In der Entsagung der Irrtümer eurer Väter solltet ihr die Prophetin der heiligen Schriften lesen, und nicht erwarten in ihnen eine gehobene Sprache zu finden."*[8]

Und einer von Justin's Konvertiten, sein Name war Tatian, gab offen zu:

> "Und es fügte sich, daß diese Schriften mich überzeugten durch die Schlichtheit ihres Stils, durch die Anspruchslosigkeit ihrer Verfasser,.."[9]

Origenes verteidigte die schlichte Sprache der Heiligen Schrift gegen einige der schärfsten und fähigsten Kritiker des Christentums. Er erklärte ihnen:

> "Denn unsere Propheten, Jesus selbst und seine Apostel, sahen auf eine Art des Ausdrucks, der nicht nur das Wahre zum Inhalt hatte, sondern auch die große Menge zu gewinnen vermochte, bis ein jeder, so angetrieben und gewonnen, wie seine Kraft es erlaubte, zu dem Verstän-dnis jener Geheimnisse emporstieg, die in den anscheinend einfachen Worten enthalten sind.
>
> Und wenn man sich etwas kühner aus-drücken darf, so hat die überaus schöne und kunstvoll ausgebildete Sprache des Plato und der ihm ähnlichen Stilkünstler, wenn überhaupt, nur wenigen genützt; dagegen hat die Redeweise der Männer, die zugleich einfacher und sachlich und mit Berücksichtigung der großen Menge gelehrt und geschrieben haben, einer viel größeren Anzahl von Menschen Nutzen gebracht. Man kann jedenfalls wahrnehmen, dass sich Plato nur in den Händen von Leuten findet, die als Gelehrte gelten,..."[10]

Und weiter sagt er:

> „Auch darf man andererseits nicht den-selben Gedanken, wenn er in das schöne Gewand der griechischen Sprache ge-kleidet ist, für durchaus besser halten, als wenn er, in schlichte Form und einfache Wendungen gefaßt, bei Juden (u.A. der Septuaginta; Anm. d. Verfassers) oder Christen erscheint." [11]

> "Man beachte, ob nicht Plato und die griechischen Weisen mit ihren schönen Aussprüchen jenen Ärzten ähnlich sind, die sich nur um Angehörige der gebildeten Stände bemühen, die große Masse der Menschen aber verachten, während dagegen die jüdischen Propheten und die Jünger Jesu, welche die kunstvolle Zu-sammenfügung der Worte und "die Menschenweisheit" , wie die Schrift es nennt, und "die Weisheit nach dem Fleische" ,wo-mit sie die Sprache dunkel andeutet, weit von sich abweisen, wohl den Männern gleichen dürften, die dieselbe ganz ge-sunde Beschaffenheit der geistigen Spei-sen herzustellen und zu bereiten besorgt sind. Deshalb bedienen sie sich einer Redeweise, die der großen Masse der Menschen verständlich ist und nicht von deren Sprache abweicht und sie nicht durch ihre Fremdartigkeit davon abhält, solche Vorträge, da sie ihnen ungewohnt sind, anzuhören." [12]

41

Der frühchristliche Apologet Arnobius antwortete den Römern:

> "[Ihr sagt]Die Schriften sind aber von ungebildeten und unwissenden Menschen aufgezeichnet, und um deßwillen muß man sie nicht auf's Gerede hin leichtfertig glauben. Siehe zu, ob dieß nicht vielmehr eine dringlichere Ursache sey, warum keine Lügen dieselben beflecken, weil einfältigen Gemüthes, das unbewußt ist durch Lockungen zu vergrößern, überliefert. Die Sprache ist gemein und ungeschmückt: denn niemals trachtet die Wahrheit nach erkünsteltem Schmuck, noch auch läßt sich das Erforschte und Gewisse durch weitläuftige Umschweife aufheben. Schlüsse, Argumente, Erklärungen, sammt all jenen Zurüstungen, mittelst welcher der Glaube sich die Behauptung erwirbt, helfen wohl denen die muthmaßen, thun aber der Wahrheit Grundzüge nicht dar. Ueberhaupt, wer weiß was das Gesagte sey, der bestimmt, folgert nicht, noch jagt er andern Wortkünsten nach, wodurch man gewöhnlich die Hörer zu fesseln und die Zustimmung durch nötigenden Trug herbeizuführen pflegt. ... Man sagt, eure Schriften sind mit Sprachfehlern, mit Unregelmäßigkeiten besäet und mit unförmlichen Gebrechen befleckt, eine wahrlich kindische und engherzige Beschuldigung; welche, wollten wir auch ihre Wahrheit zugeben,... Und dennoch, o ihr! die ihr unsere Schriften des Schmutzes, der Fehler beschuldigt, habt ihr in jenen ältesten und bewundernswerthen Büchern nicht auch dieselben Sprachfehler?" [13]

Wenn also Arnobius sagt dass es im Neuen Testament grammatikalische "Fehler" gibt, denke bitte nicht dass dies ein Angriff auf die Unfehlbarkeit der Heiligen Schrift ist. Er meint einfach nur dass die neutestamentarischen Schreiber- und auch Paulus - einige der Regeln der klassischen, literarischen hoch-altgriechischen Grammatik brachen, da sie an einfache Leute schrieben, welche nichts von solchen grammatikalischen Regeln wussten.

Aber auch hier sehen wir nochmal, seine Worte sind ein kraftvolles Zeugnis dafür dass im ersten Jahrhundert nach Christus, die meisten Christen hauptsächlich aus den ungebildeten Schichten stammten. Und der Heilige Geist gab das Neue Testament in der Sprache der einfachen Leute und der ungebildeten Masse wörtlich ein, und sah sie offensichtlich als geeigneter an als das hochgestochene, literarische Hochgriechisch. Auch dies entspricht dem Muster das von Jesus begonnen wurde.

Sprachstudium?

Nicht nur dass die Apostel das Neue Testament für einfache Männer und Frauen offen hielten indem sie es im allgemein gebräuchlichen Koine-Griechisch verfassten, sie befreiten auch das Alte Testament.Wie bereits gesagt, hatten die jüdischen Theologen das Gotteswort in ein hebräisches Sprach-gefängnis gesteckt, eine Sprache welche die meisten Juden zu dieser Zeit überhaupt nicht mehr beherrschten, geschweige denn die Heiden.

Stattdessen folgten sie nicht im Vorbild der jüdischen

Theologen, ignorierten die hebräischen Schriftrollen der Schriftgelehrten und verwendeten die griechische Septuaginta an deren Stelle.

Wie ich bereits erwähnte, als die Apostel das Alte Testament in ihren Schriften zitierten, haben sie das nahezu immer aus der griechischen Septuaginta gemacht.

Und so wurde die Septuaginta das Alte Testament für Christen überall in der antiken Welt.

Im ersten Jahrhundert, war Griechisch eine internationale Sprache die sowohl im Westen als auch im Mittleren Osten gesprochen. Sie wurde von Römern, Griechen, und westlichen Juden gleichermaßen gesprochen. Und indem sie die Septuaginta verwendeten, öffneten Jünger Jesu die Schrift - Altes wie Neues Testament - für die ganze damalige Welt.

Im Gegensatz zum jüdischen Theologen und den heutigen christlichen Theologen, haben die Apostel und ihre Jünger keine Schulen gegründet um Männer in Sprachstudien zu unterrichten. Sie haben zu keiner Zeit irgendjemanden aufgefordert Hebräisch oder Aramäisch zu lernen damit diese das Alte Testament in den *"hebräischen und aramäischen Originalsprachen"* lesen können.

Gleichermaßen haben die ersten Christen die in nicht griechischsprachige Regionen das Evangelium verkündet keine griechischen Schulen gegründet. Stattdessen haben zweisprachige Christen sowohl die Septuaginta als auch das Neue Testament Sprachen wie Lateinisch und Syrisch (zu dieser Zeit der vorherrschte Dialekt des Aramäischen)gesprochen.

Einfache Theologie

Es gab ein Grund warum die Christen des ersten Jahrhunderts nicht so versessen auf den Gebrauch des griechischen noch auf ein besonderes Training zum Lesen des griechischen oder hebräischen waren.

Und das ist dass das Christentum ursprünglich Christus und sein Reich ins Zentrum stellte und nicht theologische Feinheiten. Das ist durchaus schwierig detailliertes theologisches Statement nur aus den Lehren von Jesus zusammenzustellen der Grund dafür ist dass die Essenz das Evangelium vom Reich Gottes nicht Theologie ist. Die Essenz dreht sich darum dass Leute in eine von Früchten / Gehorsam geprägte Beziehung zu Jesus, dem König, kommen und das bringen von Früchten.

Jesus sprach nicht so viel über systematischen Theologie weil das nicht besonders wichtig für ihn war. Er sprach jedoch eine Menge über das Früchte bringen. Sprach eine Menge darüber wie wir als Bürger des Reichs Gottes leben sollen.
Er lehrte uns was bedeutet einander zu lieben und Gott zu lieben. Und diese Dinge sind wirklich wichtig für ihn.

6 Aber war Paulus denn kein Theologe?

Du magst jetzt vielleicht denken: *"Das stimmt aber nicht so ganz, was ist mit Paulus?! Der war sehr wohl ein Theologe "*

Nun, Säkularisten und liberale Theologen behaupten oft dass Paulus der wahre Architekt des Christentums gewesen sei. Das denken sie weil das was heute großteils als biblisches Christentum bezeichnet wird hauptsächlich aus dem Interpretationen Martin Luthers über die Schriften von Paulus stammt.

Luthers Evangelium basiert nicht vorrangig auf Jesu Lehren, sondern gibt einem fehlerhaften Verständnis und Pauli Schriften den Vorzug. Wenn wir uns jedoch mehr auf Pauli Briefe fokussieren um den christlichen Glauben zu definieren, machen wir aber den Knecht größer als den Meister.

Der Grund warum die meisten von uns die Briefe des Paulus so lesen als ob sie theologische Fachliteratur wären, liegt daran dass es uns unser ganzes Leben lang so präsentiert wurde.
Und in folgenden Kapiteln, werden wir uns anschauen wie christliche Theologen über die Jahrhunderte das Christentum gekidnappt haben. Als gelernte Theologen, lesen Sie Ihr eigenes Konzept vom Christentum in die Schrift hinein. Weil sie denken dass Theologie die Essenz des Christentums

sei haben sie Paulus in einen Theologen wie sich selbst verwandelt. Sie haben ihn sogar zu dem ultimativen christlichen Theologen gemacht.
Es ist so ähnlich wie mit der Lehre von der Evolution. Wenige Menschen würden durch ihre eigenen unvoreingenommenen Beobachtung denken dass das komplexe biologische System auf der Erde einfach nur durch blanken Zufall entstanden sei.

Niemand würde sich ein wunderschönes Pferd anschauen und denken dass es sich über Millionen Jahre hinweg aus einem Einzeller entwickelt hat.
Viele Nichtchristen jedoch denken heute in genau diesem Muster, weil alle Schriften die sie über Pflanzen oder Tiere gelesen haben behaupten dass diese Dinge sich über Millionen Jahre durch Evolution entwickelt haben. Die Evolutionstheorie dominiert jedes Schulbuch, jede Enzyklopädie, scheinbar jedes Buch und Magazin welches aus der säkularen Welt kommt.
Folglich "sehen" die meisten Menschen die Evolution in allen Dingen um sie herum weil sie so programmiert wurden sie so zu sehen.

Ähnlich verhält es sich im Christentum. Die Theologen haben das christliche Denken und die christliche Literatur solange dominiert, dass die gewöhnlichen Christen von heute die Schrift durch die Augen dieser Theologen lesen.
So wird Paulus der große Theologe, Und auch Briefe von gewöhnlichen und ungebildeten Fischern, werden in theologische Fachliteratur verwandelt.
Ich weiß dass ich selbst die meiste Zeit meines Lebens das Neue Testament durch diese theologische Brille gelesen habe.

Und auch wenn ich überfokussiert auf Theologie war, beschäftigte mich doch eine Frage: Wenn die Briefe im Neuen Testament so fokussiert auf Theologie sind, warum nicht die Lehren Jesu? Warum spricht er vorallem über das Reich Gottes und das Leben im Reich Gottes - und so wenig über theologische Dogmatik?

Wann wie kann es sein dass Gott all diese Dinge vor den*"den Weisen und Klugen verborgen und es den Unmündigen geoffenbart"* hat hat, wenn es doch Männer braucht die an den theologischen Fakultäten ausgebildet werden müssen um *"Weise und Klug"* zu werden, damit sie die Schrift richtig verstehen? Irgendwie machte das alles nie so wirklich Sinn.

Aber sprechen denn die Schriften nicht von (gesunder) Lehre?

Du magst nun erwidern" *aber das Neue Testament hat doch jede Menge über das Thema Lehre zu sagen. So sagte Jesus z.b. über die Schriftgelehrten und Pharisäer "Vergeblich aber verehren sie mich, weil sie Lehren vortragen, die Menschengebote sind."* Matthäus 15:9

Das ist wahr, als die Kirche noch in den Kinderschuhen steckte sagt uns die Apostelgeschichte dass die neuen Gläubigen *"beständig in der Lehre der Apostel und in der Gemeinschaft und im Brotbrechen und in den Gebeten"* blieben Apostelgeschichte 2:42

Was ist Lehre?

Die meisten Christen die das Wort Lehre hören(engl."doctrine") denken Sie automatisch an theologische Dogmen.

Und das ist die fast ausschließliche Bedeutung in den heutigen christlichen Kreisen. Ursprünglich bedeutet das englische Wort "Doctrine" (oder das deutsche Wort "Lehre") nichts anderes als Lehre, so wie ein Doktor ursprünglich ein Lehrer war.

So verstanden die Leute diese Wörter auch in den Tagen von William Tyndale und König James I.

Aber nach dieser Zeit, in den nachfolgenden Jahrhunderten, wurde aus der ursprünglichen Bedeutung von Lehre oder Doktrin ein theologisches Dogma.

Wenn also Christen den Begriff im Neuen Testament heutzutage lesen kommen sie bei einer völlig andere Bedeutung heraus als es die Christen in den Tagen von König James taten. Und sie verstehen den Begriff auch völlig anders als die Christen des ersten Jahrhunderts. Wo das liegt daran dass die griechischen Worte in unseren Bibeln als Lehre im Sinne von Dogmatik übersetzt und gedeutet werden und im christlichen Denken mit theologischem Dogma verknüpft sind - didache und didaskalia – einfach nur Lehre oder Anweisung bedeuten.

Und nicht theologischer Fachbegriff oder Dogma.

Die ursprüngliche Bedeutung von Lehre wird uns klar wenn wir den Kontext von vielen Bibelstellen lesen die diesen Begriff benutzen.

Als Paulus an Timotheus über Lehre schrieb, schrieb er über die Anweisungen welche das christliche Leben beeinflussen. Zum Beispiel sagte er:

> *"Wir wissen aber, dass das Gesetz gut ist, wenn man es gesetzmäßig anwendet und berücksichtigt, dass einem Gerechten kein Gesetz auferlegt ist, sondern Gesetzlosen und Wider-*

spenstigen, Gottlosen und Sündern, Unheiligen
und Gemeinen, solchen, die Vater und Mutter
misshandeln,Menschen töten, Unzüchtigen, Kna-
benschändern, Menschenräubern, Lügnern, Mein-
eidigen und was sonst der gesunden Lehre
widerspricht" *1Timotheus 1:8-10*

Leute die also morden, lügen und ein unmoralische
Lebensstil pflegen, leben also im Widerspruch zur
gesunden Lehre. Ferner sagt uns Paulus wir sollen:

"nicht mehr Unmündige seien, hin- und
hergeworfen und umhergetrieben von jedem
Wind der Lehre durch das betrügerische Spiel der
Menschen, durch die Schlauheit, mit der sie zum
Irrtum verführen" *Epheser 4:14*

Schließlich ermahnt uns auch der Hebräerbrief
uns "nicht von vielfältigen und fremden Lehren
umhertreiben;" zu lassen.*Hebräer 13:9*
Paulus redet jede Menge über Lehre in seinen
Hirtenbriefen.
Er sagte Timotheus:

"Der Geist aber sagt ausdrücklich, dass in
späteren Zeiten etliche vom Glauben abfallen und
sich irreführenden Geistern und Lehren
derDämonen zuwenden werden" *1. Timotheus 4:1*

Er sagt ihm auch:

"Alle Schrift ist von Gott eingegeben und
nützlichzur Belehrung, zur Überführung, zur
Zurechtweisung, zur Erziehung in der
Gerechtigkeit" *2 Timotheus 3:16*

Und er warnt ihn auch:

"es wird eine Zeit kommen, da werden sie die
gesunde Lehre nicht ertragen, sondern sich selbst

50

nach ihren eigenen Lüsten Lehrer beschaffen, weil sie empfindliche Ohren haben;² *2 Timotheus 4:3*

Und Paulus sagte Titus ist eine der Qualifikation für einen ältesten ist dass er einer ist..

> *...der sich an das zuverlässige Wort hält, wie es der Lehre entspricht, damit er imstande ist, sowohl mit der gesunden Lehre zu ermahnen als auch die Widersprechenden zu über-führen."* *Titus 1:9*

Du wirst mir das bestimmt sagen *"Also hör mal, David du sagst doch seber Lehre IST am Ende wichtig!"* und da stimme ich dir auch zu.

Aber was ist (gesunde) Lehre?

Weiter schrieb Paulus an Timotheus:

> *"Wenn du dies den Brüdern vor Augen stellst, wirst du ein guter Diener Jesu Christi sein, der sich nährt mit den Worten des Glaubens und der guten Lehre, der du nachgefolgt bist."* *1Timotheus 4:6*

Lehre nicht nur etwas was du glaubst sondern etwas dem du aktiv nachfolgst.So ist das Produkt einer falsche Lehre ungehorsam gegenüber seinem gläubigen Herren zu sein:

> *"Die aber, welche gläubige Herren haben, sollen diese darum nicht gering schätzen, weil sie Brüder sind, sondern ihnen umso lieber dienen, weil es Gläubige und Geliebte sind, die darauf bedacht sind, Gutes zu tun. Dies sollst du lehren und dazu ermahnen!*
> *Wenn jemand fremde Lehren verbreitet und nicht*

die gesunden Worte unseres Herrn Jesus Christus annimmt und die Lehre, die der Gottesfurcht entspricht,so ist er aufgeblasen und versteht doch nichts, sondern krankt an Streitfragen und Wortgefechten, woraus Neid, Zwietracht,Lästerung, böse Verdächtigungen entstehen"[1 Timotheus 6:2-4]

In einer seiner letzten Ermahnung an die Christenheit, Jesus die Kirche in Pergamos gescholten dafür dass sie *"der Lehre des Balaam"* anhängen. War die Lehre des Balaam ein theo-logisches System? Nein, überhaupt nicht. Jesus macht das deutlich:

Aber ich habe ein weniges gegen dich, dass du dort solche hast, die an der Lehre Bileams festhalten, der den Balak lehrte, einen Anstoß[zur Sünde] vor die Kinder Israels zu legen,sodass sie Götzenopfer aßen und Unzucht trieben. [Offenbarung 2:14]

Die Lehre des Balaam , stiftete also Leute zum Götzendienst und zur sexuellen Unzucht an.
Du fragst Dich vielleicht:*"Aber kann Lehre sich nicht auch auf theologische Lehrinhalte beziehen?"*

Ja, manchmal ist das die Bedeutung in der Schrift. Denn Lehre kann sowohl theologische Inhalte als auch Lehren die die Lebensführung betreffen bedeuten. So finden wir im Hebräerbrief diesen Sinn:

"Darum wollen wir die Anfangsgründe des Wortes von Christus lassen und zur vollen Rei-fe übergehen, wobei wir nicht nochmals den Grund legen mit der Buße von toten Werken und dem Glauben an Gott,mit der Lehre von Waschungen,

*von der Handauflegung, der Totenauferstehung
und dem ewigen Gericht. "Hebräer 6:1-2*

Hier ist die Rede von fundamentalen Überzeugungen
zu welche das Wort Lehre gebraucht wird. Trotzdem,
siehst du wie extrem einfach diese elementaren
theologischen Inhalte des Christentums sind?

Hier erwähnt er nur fünf oder sechs Dinge die alle in
einen Satz passen, und eine ungelernte Person welche
das Neue Testament liest würde keine Schwierigkeiten haben diese Grundlehren zu erkennen.

So benutzt Johannes das Wort Lehre im Sinn von
theologischen Inhalten in seinem zweiten Brief wo er
schreibt:

> *Denn viele Verführer sind in die Welt hinein-
> gekommen, die nicht bekennen, dass Jesus
> Christus im Fleisch gekommen ist — das ist der
> Verführer und der Antichrist. Seht euch vor, dass
> wir nicht verlieren, was wir erarbeitet haben,
> sondern vollen Lohn empfangen! Jeder, der
> abweicht und nicht in der Lehre des Christus
> bleibt, der hat Gott nicht; wer in der Lehre des
> Christus bleibt, der hat den Vater und den
> Sohn. Wenn jemand zu euch kommt und diese
> Lehre nicht bringt, den nehmt nicht auf ins Haus
> und grüßt ihn nicht! Denn wer ihn grüßt, macht
> sich seiner bösen Werke teilhaftig.* 2 Johannes 7-11

Diese Bibelstelle gibt es zwei bemerkenswerte Dinge.
Erstens, Lehre wird als ein extrem einfacher theologischer Inhalt genannt. Jeder der nicht glaubt dass
Jesus in fleischlicher Gestalt in die Welt gekommen
ist, nimmt das Neue Testament nicht als die Wahrheit
an. Die Gruppe auf die sich Johannes bezieht waren
die sogenannten Gnostiker.

Sie lehnten das gesamte Alte Testament ab, und so viele Lehren Jesu und der Apostel, dass sie prak-tisch eine vollkommen neue Religion schufen. Aber es war nicht nur ihre Theologie über die Johannes besorgt war.

Denn sie lehrten das nichts in der materiellen Welt von Bedeutung ist. Also lehrten viele der gnostischen Gruppen, dass es deswegen akzeptabel wäre ein nach biblischen Maßstäben unmoralisches Leben zu leben. Johannes war genauso besorgt über bösen Taten wie über eine verdrehte Theologie.

Jesus ändert sich nicht

Jesus schlug den letzten Nagel in den Sarg der Theologen. Und dieser letzte Nagel war dieser: Er ändert sich nie.

> *Jesus Christus ist derselbe gestern und heute und auch in Ewigkeit!*[Hebräer 13:8]

Jesus ist immer der eine Lehrer, eine Schriftgelehrte, denn seine Lehren sind endgültig.

Das was er uns lehrte musst du wieder im 2. Jahrhundert, noch im 12. Jahrhundert, noch im 18. Jahrhundert neu interpretiert werden. Und genauso wenig müssen sie im 21. Jahrhundert neu interpretiert werden. Was immer Jesu Worte für seine ursprünglichen Hörer bedeuteten, exakt dasselbe bedeuten sie heute auch für uns.

Denn Jesu Worte sind keine Menschenlehren, so wie es etwa die Verfassung der Vereinigten Staaten ist. Die Verfassung der Vereinigten Staaten ist ein außergewöhnliches Dokument, für ein menschgemachtes Schriftstück. Aber nahezu jedes Jahr werden Teile davon neu interpretiert, egal ob dies die Intension der Gründerväter war oder nicht.

Und heutzutage ist die Verfassung praktisch durch den Supreme Court als oberste legale Autorität ersetzt worden. Die Konstitution bedeutet das, was das Supreme Court sagt was sie bedeutet.

Und die neun Verfassungsrichter sind die theologische Klasse des amerikanischen Gesetzeswesens. Aber so ist es nicht mit dem Evangelium.

Jesus hat nicht neue Institutionen von Theologen eingesetzt um seine Lehren in jeder Generation neu zu interpretieren. Es ist überflüssig dass seine Lehren revidiert werden damit sie immernoch frisch und "relevant" für nachfolgende Generatio-nen sind. Nur Menschenlehren benötigen solch eine Revision. Das Evangelium vom Reich Gottes braucht niemals ein Update. Es ist immer frisch, und es ist unverändert relevant für jede neue Generation. Leute die denken sie müssten das Evangelium relevant machen indem sie es ver-ändern, reduzieren Jesus auf den Stand eines gewöhnlichen menschlichen Lehrers dessen Lehren schnell veraltet sind.

Kurzum, das Reich Gottes funktioniert so wie Jesus gesagt hat dass es funktionieren würde. Leute die von der Welt als Narren angesehen werden und als unwissend, sind genau jene welche das Reich Gottes am besten verstanden haben. Und die Leute zu denen der die Welt üblicherweise aufschaut, und sie als brillant ansieht sind jene die es am allerschwersten hatten (und haben) die einfachen Wahrheiten zu verstehen die Jesus und seine Jünger lehrten.

7 Die nächste Generation nach den Aposteln

Die Apostel haben keine zweite Gruppe von Aposteln eingesetzt die sie selbst ersetzen würden, nachdem sie gestorben waren. Und die Apostel haben auch nicht als rabbinischee Institution, als zweiter Sanhedrin, gedient. Nach der Auferstehung blieben sie Jerusalem nur einige Jahre zusammen.

Danach, ging sie alle getrennte Wege und trugen das Evangelium vom Reich Gottes in die ganze Welt.[14] Es gibt keine weiteren Anhaltspunkte dass es weitere Apostelkonzile gegeben hat wie jenes dass im 15. Kapitel der Apostelgeschichte beschrieben ist. Wie also haben die Apostel die nächste Generation von Leitern der Kirche auf ihre Aufgabe vorbereitet? Haben sie theologische Werke für die Leiter verfasst die diese studieren sollten? Nein, das Training für das Reich Gottes funktioniert genau in derselben Weise wie als Jesus noch auf der Erde war. Die Apostel lehrten Männer wie Markus, Titus oder Timotheus praxisbezogen. Die nächste Generation von Leitern lernte indem sie an der Seite der erfahreneren Leiter arbeitete. Ganz so wie Paulus, sagte Timotheus:

> *"Und was du von mir gehört hast vor vielen Zeugen, das vertraue treuen Menschen an, die fähig sein werden, auch andere zu lehren."* [2 Timotheus 2:2]

Und das ist der Grund warum die einfache Botschaft vom Evangelium des Reiches Gottes nach den Aposteln weiter Bestand hatte.

Sie hatten es an "treue Menschen" übergeben welche in der Lage waren die nächste Generation zu lehren. Die Apostel hatten einen so guten Job gemacht, dass die Kirche des zweiten Jahrhunderts in der Lage war sowohl die gnostischen Häretiker zu überwinden welche versuchten die Kirche zu kapern, als auch die unerbittliche Verfolgung durch die heidnischen Römer gegen die Christen. Und die Kirche des zweiten Jahrhunderts schaffte dies ohne eine neue Klasse von Theologen zu etablieren oder den Fokus auf das Reich Gottes zu verlieren.

Und genau wie in den Tagen der Apostel, gab es im zweiten Jahrhundert keine Seminare oder Fakultäten um Kirchenleiter auszubilden. Tatsächlich gab es zu dieser Zeit keine systematischen Theologen. Bestimmte Männer wurden als Älteste oder Bischöfe eingesetzt weil sie die geistlichen Qualifikationen erfüllten welche im Neuen Testament beschrieben stehen - nicht weil sie gebildete Männer gewesen wären oder weil sie ein Diplom von einem Seminar gehabt hätten. Ihre einzige Ausbildung kam vom praktischen Dienen mit den Geistlichen Leitern der örtlichen Kirche.

Es waren hauptsächlich ungebildete und arme Leute - also intellektuelle Säuglinge - welche den Großteil der Kirche ausmachten. Natürlich gab es auch gut gebildete Christen im zweiten Jahrhundert, jedoch haben sie meistens ihren Bildungsstand erworben bevor sie überhaupt von Christus gehört hatten.

Und nachdem sie ihre Leben Christus übergeben hatten, nutzten einige dieser Männer ihren Bildungsgrad um das Christentum mit ihren Stiften zu verteidigen wie Justin der Märtyrer, Minucius Felix

oder Athenagoras sind Beispiele von Männern welche ihren Bildungsstand in den Dienst am Reich Gottes stellten. Aber diese Männer bekleideten keine Ämter in der Kirche, und hatten auch keine klerikale Macht. Und sie waren auch keine *"Kirchenväter"*, wie sie manchmal fehlerhafterweise genannt werden.
Sie waren einfach nur Soldaten des Reiches Gottes und nutzten die Fähigkeiten und ihre Bildung so gut sie konnten.

Der historische Glaube zentriert auf die Lehren Jesu

Christen des zweiten Jahrhunderts blieben Kinder des Königreichs. Und auch ihnen war vollkommen klar dass das was Jesus selbst gelehrt hatte die Grundlage des christlichen Glaubens ist und nicht Paulus die Hauptsäule des christlichen Glaubens ist.
In Wirklichkeit gibt es natürlich keinen Widerspruch zwischen Paulus und Jesus. Jedoch haben Theologen versucht durch eine Fehlkonstruktion aus Pauli Schriften die klaren und deutlichen Lehren von Jesus Christus zu untergraben. Wie sein Meister, hat Paulus gelehrt dass man das ewige Leben nicht ohne geistliche Frucht ererben kann. Denn er schrieb:

> *Offenbar sind aber die Werke des Fleisches, welche sind: Ehebruch, Unzucht, Unreinheit, Zügellosigkeit;Götzendienst,Zauberei,Feind.schaft , Streit, Eifersucht,Zorn, Selbstsucht, Zwietracht, Parteiungen;Neid, Mord, Trunkenheit, Gelage und dergleichen,*
> *wovon ich euch voraussage, wie ich schon zuvor gesagt habe, dass die, welche solche Dinge tun, das Reich Gottes nicht erben werden.Die Frucht*

des Geistes aber ist Liebe, Freude, Friede, Langmut, Freundlichkeit, Güte, Treue, Sanftmut, Selbstbeherrschung. Gegen solche Dinge gibt es kein Gesetz. Galater 5:19-23

Wenn die frühen Christen Ungläubigen erklären wollten worum es beim Christentum geht, zeigten die Christen des 2. Jahrhunderts direkt auf die Lehren Jesu.

So etwa die älteste christliche Apologie (d.h. eine Schrift die zur Verteidigung des Christentums geschrieben wurde), und welche bis heute vollständig erhalten ist. Es ist die erste Apologie von Justin dem Märtyrer, und darin erklärt Jost in den römischen offiziellen worum es beim Christentum geht, und was Christen glauben.

Er sagt ihnen:

Denn wir sagen es euch im voraus: Hütet euch, daß nicht die oben von uns angeschuldigten Dämonen euch berücken und euch von allem Lesen und Verstehen unserer Werke abziehen; denn sie bemühen sich, euch zu Sklaven und Untergebenen zu haben und bald durch Traumgesichte, bald hinwiederum durch Zauberränke machen sie sich alle untertänig, diein keiner Weise auf ihr Seelenheil bedacht sind;wie auch wir, nachdem wir dem Logos gefolgt sind, von jenen uns losgesagt haben und Gott allein, dem Ungezeugten, durch seinen Sohn anhangen. Hatten wir früher an unzüchtigen Dingen Gefallen, so huldigen wir jetzt der Keuschheit allein; gaben wir uns mit Zauberkünsten ab, so haben wir uns jetzt dem guten und ungezeugten

Gotte geweiht; wenn wir Geldmittel und Besitz über alles schätzten, so stellen wir jetzt, was wir haben, in den Dienst der Allgemeinheit und teilen jedem Dürftigen davon mit; haßten und mordeten wir einander und hielten wir mit denen, die nicht unseres Stammes sind, wegen der verschiedenen Stammesgewohnheiten nicht einmal Herdgemeinschaft, so leben wir jetzt nach Christi Erscheinen als Tischgenossen zusammen, beten für unsere Feinde und suchen die, welche uns mit Unrecht hassen, zu bereden, daß auch sie nach Christi schönen Weisungen leben und guter Hoffnung seien, daß auch sie dieselben Güter wie wir von dem allherrschenden Gott erlangen werden.... Kurz und bündig sind seine Aussprüche, denn er war kein Sophist, sondern sein Wort war Gotteskraft.[15]

Justin schreibt dann weiter über die Lehren Jesu, und zitiert dabei fast ausschließlich die Berg-predigt. Wenn du irgendeinen der frühen Christen gefragt hättest was das Herzstück der Evangelien ist, hätten sie dir gesagt: DIE BERGPREDIGT!

Ein Christentum um die Früchte zentriert ist die aus einer von Gehorsam geprägten Beziehung zu Jesus Christus entspringen, mit dem Fokus auf seine Lehren aus der Bergpredigt.

Früchte versus Theologie

Die Christen des zweiten Jahrhunderts waren in einer absolut gesegneten Position. Sie war die letzte Generation von Christen welche persönlich wissen konnte was aus der Zeit der Apostel überliefert wurde. Wenn sie über den historischen Glauben

sprachen, sprachen sie von dem was sie persönlich
von den Aposteln oder den vertrauenswürdigen
Männern gehört hatten die von den Aposteln selber
gelehrt worden waren.
Logischerweise, würde man erwarten dass die
Theologie im zweiten Jahrhundert weitaus kom-
plexer gewesen wäre als die Theologie die wir heute
haben - weil sie so nah an der Zeit der Apostel waren.
Die Wahrheit jedoch ist genau das Gegenteil. Die
Christen des zweiten Jahrhunderts konnten ihre
Theologie in ein paar Sätzen zusammenfassen.

Verschiedene Schreiber aus dem zweiten Jahrhundert
geben Zeugnis von diesem einfachen theologischen
Bekenntnis, dem sich die frühen Christen universell
verschrieben. Einer von diesen war Tertullian der
folgendes schrieb:

> *Die Glaubensregel ist durchaus nur eine; sie*
> *allein ist unbeweglich und unverbesserlich,*
> *nämlich dass man glaube an einen einzigen,*
> *allmächtigen Gott, den Schöpfer der Welt, und*
> *seinen Sohn Jesus Christus, der geboren ist aus*
> *Maria, der Jungfrau, gekreuzigt unter Pontius*
> *Pilatus, am dritten Tage wieder auferweckt von*
> *den Toten; aufgenommen in den Himmel, sitzt*
> *er jetzt zur Rechten des Vaters, um wieder zu*
> *kommen zu richten die Lebendigen und die Toten,*
> *infolge der Auferstehung auch des Fleisches.*[16]

Dieses unkomplizierte Glaubensbekenntnis hat nur 63
Wörter. Um dir einen Anhaltspunkt zu geben wie
sehr sich das Christentum seit seiner frühen Jahren
verändert hat, möchte ich einen Vergleich zum
"Westminster Confession of Faith" ziehen, welchesim

17. Jahrhundert von den Puritanern verfasst wurde. Es enthält 12.079 Wörter.

Und tatsächlich ist eines der Dinge,die ich bei meinem Studium der Kirchengeschichte festge-stellt habe, dass je weiter sich eine Person von der Zeit Christi entfernt, desto mehr theologische Dogmen kommen dazu. Die "Essenz des Glaubens" schien über die Jahrhunderte gewachsen zu sein. Aber wie kann das sein?

Nun, versteh mich bitte nicht falsch. Die frühen Christen hatten theologische Ansichten über nahezu jedes Thema, das in unseren modernen Bekennt-nissen behandelt wird. Und ihr Glaube folgte zu nahezu jedem Thema einer wortwörtlichen Aus-legung der Schrift.
Zur gleichen Zeit, waren sie auch der Ansicht dass man nur die wenigsten dieser Dinge vollständig verstehen müsste um ein wahrer Christ zu sein. Und sie haben nie ihre Auslegung auf dieselbe Stufe wie die Heilige Schrift gestellt, sie als die Essenz des Glaubens bezeichnet, oder ihre Kirche darauf gebaut. Und weil der Glauben den sie von den Aposteln erhielten so schlicht war, sollten wir unbedingt alle neuen Dogmen hinterfragen die diesen einfachen Glauben übersteigen.
Wenn ein Lehrinhalt nicht bis 2. Jahrhundert zurückverfolgt werden kann, können wir schwerlich behaupten dass dies das historische Glaube sei.

Ein Gott der sich nicht auf die Theologie spezialisiert hat

Wie ich vorher gesagt habe, war das Christentum des zweiten Jahrhunderts wahrlich eine Religionen der gewöhnlichen Leute und der Ungelernten.

Als Christ in jener Zeit konnten nur wenige lesen und man konnte unschuldig darüber reden wie man die Schrift verstand, ohne gleich fürchten zu müssen von einer theologischen Polizei für etwas vorgeladen zu werden, was man nicht hätte sagen sollen.

Die Weise in der die Kinder des Reiches Gottes im zweiten Jahrhundert Gott wahrnahmen, wurde sehr treffend von Richard Hooker, einem Autor aus dem 16. Jahrhundert und Gelehrter des frühen Christentums, zusammengefasst. Er sagt:

> Gott ist kein spitzfindiger Sophist, der nur darauf wartet uns dabei zu erwischen wie wir etwas Falsches sagen, sondern ein großzügiger
> Tutor, der bereit ist uns zu korrigieren, wenn wir in unserer Schwäche oder Unwissenheit etwas fehlerhaftes sagen, und das meiste aus dem zu machen was wir richtig wiedergeben. [17]

Das mag sich jetzt für viele Ohren nach Liberalismus anhören. Aber die frühen Christen waren alles andere als liberal; sie waren absolut konservativ.

Die Apostel hatten kein kompliziertes theologisches System aufgebaut, und die frühen Christen taten das ebensowenig. Die Apostel hatten keine theologische Schinken geschrieben, also taten die frühen Christen das genauso wenig.

Wenn das ursprüngliche Evangelium einfach genug war, das ist von ungebildeten Menschen verstanden werden konnte, so galt dasselbe für das Evangelium im zweiten Jahrhundert.

Wenn also jemand unschuldiger Weise und ohne unlautere Absicht, eine Aussage von Jesus und seinen Aposteln falsch verstand, war die Kirche des zweiten Jahrhundert recht willig darüber hinwegzusehen. Ihnen war klar dass Gott Nachsicht hätte wenn wir etwas in unserer menschlichen Beschränktheit falsch verstehen.

Die frühen Christen dienten einen Gott dessen Gnade und Barmherzigkeit unabsichtlicher theologische Irrtümer zudeckt.

Natürlich gab es theologische Grenzen in der frühen Kirche, aber dieses einfache Bekenntnis welches wir vorher gelesen haben zeigt recht gut wo diese Grenzen lagen. Gruppen welche von den frühen Christen ausgeschlossen wurden, wie etwa die Gnostiker überschritten diese einfachen Grenzen.

Was ist Häresie?

Heute, bedeutet das Wort Häresie wenn jemand eine abweichende Meinung von der "orthodoxen" Theologie hat. Aber das ist nicht was das griechische Wort *hairesis* zur Zeit des neuen Test bedeutete. Es bedeutet eine Spaltung oder Partei, wie in **Apostelgeschichte 5: 17**, wo von *"Der Sekte oder Partei (hairesis) der Sadduzäer"* die Rede ist. Und es ist das selbe Wort welches Paulus in seinem Brief an die Korinther benutzt:

> *Denn erstens höre ich, dass Spal-tungen(hairesis) unter euch sind, wenn ihr in der Gemeinde zusammenkommt, und zum Teil glaube ich es; denn es müssen ja auch Par-teiungen unter euch sein, damit die Bewährtenoffenbar werden unter euch!* [1 Korinther 11:18-19]

64

Die Christen des zweiten Jahrhundert hatten ein wachsames Auge auf spaltende und sektiererische Menschen. Aber sie haben niemanden verdammt der unschuldigerweise eine Bibelstelle falsch verstand. Ein Spalter zu sein bedeutete im ursprünglichen Sinn ein Häretiker zu sein. Nicht jedoch etwas falsch verstanden zu haben. Aber genau wie christliche Theologen die Bedeutung des Wortes " Lehre" in Theologie verkehrt haben, haben sie auch das Wort "Häresie" völlig in einem theologischen Fehler verwandelt.

Die frühen Kinder des Reiches, legten weniger Wert auf Dogmatik, weil sie verstanden dass die Essenz des Christentum nicht Theologie ist sondern eine Beziehung. Es ist eine von Früchten geprägte Liebesbeziehung mit Jesus Christus, welche echte Früchte produziert. Und es braucht nicht viel theologisches Verständnis um in eine Beziehung mit Christus treten zu können.

Und wie sein Vater ist Jesus, ein gütiger Lehrer, *"der bereit ist das meiste aus dem rauszuholen was wir richtig verstehen"*, und auch mal Dinge zu übersehen, bei denen wir ein undeutliches Verständnis haben. Die Summe der zwei großen Gebote an denen das Gesetz und die Propheten hängen war nicht theologischer Eifer, sondern daran Gott zu lieben mit ganzem Herzen, ganzer Seele, ganzem Gemüt und unseren Nächsten wie uns selbst zu lieben.

Das Reich Gottes hängt an den selben Geboten, un die Kirche des zweiten Jahrhundert war keineswegs perfekt, und genauso wenig war es die Kirche des ersten Jahrhunderts aber die Kirche des zweiten Jahrhundert, war immer noch eine Kirche die hauptsächlich von Kinder des Reiches bevölkert war. Das änderte sich erst im dritten Jahrhundert, doch war sie auch da noch eine Kirche die sehr auf das Reich Gottes fokussiert war, eine Kirche die auf Früchte fokussiert war. Dennoch, brachte das dritte Jahrhundert den ersten Christen hervor der wirklich als Theologe bezeichnet werden könnte.

8 Der Aufstieg der Theologen

Die Leute die dem Christentum am meisten geschadet haben, waren ohne Zweifel die Leute die meinten dass sie der Sache Christi helfen.
Meine Beobachtung ist, dass die wenigsten Leute mit Vorsatz versucht haben das Christentum zu schädigen.

Die Leute die Neuerungen eingeführt haben, dachten fast immer dass sie das Werk Gottes verrichten. Und so ist es auch nicht verwunderlich dass der erste christliche Theologe ein gottgefälliger Mann war, der sein ganzes Leben Jesus Christus und seinem Reich gewidmet hat.
Sein Name war Origenes. Und tatsächlich, hatte Origenes kein anderes Ziel im Leben als Christi zu dienen und ein eifriger Arbeiter im Reich Gottes zu sein.
Origenes verlor fast sein Leben im Feuer der Verfolgung als er nur 17 Jahre alt war. Und als älterer Mann, erduldete er treu Folter für den Namen Christi. Und so starb er auch als Resultat von Gefangenschaft und Folter. Und in vielerlei Hinsicht verkörperte Origenes das Leben im Reich Gottes, welches von Jesus in der Bergpredigt gelehrt worden war.
Er gab Zeugnis von Christus wo immer er nur konnte. Er gab den Wohlstand auf um ein Leben in Armut für seinen König zu führen, und behandelte Freunde wie Feinde gleichermaßen mit Sanftmut und Liebe.

Mir ist klar dass meine Beschreibung einen anderen Origenes zeigt, als den Origenes von dem du vielleicht aus Büchern oder Traktaten gehört hast. Heute wird Origenes die Schuld für nahezu jede vorstellbare Häresie gegeben.

Fälschlicherweise wird ihm die Schuld für den alexandrinischen Text gegeben, welcher in modernen Bibelübersetzungen verwendet wird.

Leider muss ich feststellen dass die meisten Leute die Origenes kritisieren oder verdammen nie ein Wort aus seinen Schriften gelesen haben. Sie wissen nichts über seinen Gott gefälligen Lebensstil und seinen intensiven Wandel mit Christus. Alles was Sie wissen sind Dinge die sie in Büchern und Schriften über ihn gelesen haben.

Auch wenn Origenes ein Mann Gottes war, so hatte er doch eine Eigenschaft die gleichermaßen Fluch und Segen war. Diese Eigenschaft war, dass er ein genialer Denker war. Man könnte sagen das Origenes ein Leonardo da Vinci oder Isaac Newton seiner Tage war.

Wenn er sich der Wissenschaft verschrieben hätte, wer weiß was er für Entdeckungen gemacht hat aber wie viele Genies war er von unbegrenzte Neugier und grenzenloser Energie getrieben.

Origenes stellte sich den schärfsten Kritikern des Christentum und stopfte Ihnen mit seinen Antworten den Mund. Er führte sogar eine Korrespondenz mit der Frau eines der römischen Imperatoren. Auch wenn er aus Alexandria in Ägypten war, reiste er durch Palästina um so viel wie möglich über die geographische Beschaffenheit der Gegend zu lernen.

Er wurde der erste biblische Geograph.

Er führte Diskussionen mit dem prominenten jüdischen Theologen seiner Zeit. Und tatsächlich, war er der erste Heidenchrist, der wirklich Hebräisch lernte. Dies tat er damit er den Glauben besser gegen die Juden verteidigen konnte, die den christlichen Glauben lächerlich machen wollten.

Die meisten Pamphlete und Bücher die heutzutage als Verteidigung der King James Version und des Textus Receptus geschrieben werden, greifen Origenes an und beschuldigen ihn, er habe die Schriften manipuliert und den alexandrinischen Text kreiert, auch wenn der alexandrinische Text gar nicht Origenes Lesart folgt.

Vielmehr, ist es der Mehrheitstext und der Textus Receptus, aus welchem die King James Version (bzw. Im deutschen unter anderem die alte Lutherübersetzung, die unrevidierte Elberfelder, oder die Schlachter 2000) übersetzt wurde. 18

Das erste theologische Lehrbuch

Es ist zu schade dass originell seine intellektuelle Gabe nicht auf Textkritik, biblische Geographie, und die Verteidigung des Christentums gegen die Attacken von Römern und Juden beschränkte. Dann hätte er sich in dieser Hinsicht zurückgenommen, wäre sein geistliches Erbe unbefleckt geblieben. Durch seine ungezähmte intellektuelle Neugier, geriet er jedoch auf Pfade die er nie hätte betreten sollen.

Einer der größten Fehler, die Origenes machte war das erste theologische Werk des Christentums zu schreiben. Das Buch welches *"Über die Grundlehren der Glaubenswissenschaft" (De principiis)* heißt.

Seit seinen Tagen wurden viele theologische Bücher geschrieben die den Titel *"Über die Grundlehren des Christentums"* o.ä. tragen, so dass wir heute solche Bücher als normal ansehen. Das liegt an der Grundlage die Origenes geschaffen hat. In seinen Tagen, war das eine echt neue Idee.

Das Neue Testament war immer das Buch, dass die Grundlehren des Glaubens enthielt. Und es gab keine Notwendigkeit für irgendein menschgemachtes Werk als Zusatz dazu. Das Christentum war für fast 200 Jahre ohne theologisches Handbuch am gedeihen, also warum sollte man da etwas neues schaffen?

Indem er dieses theologische Lehrbuch schrieb, erweckte er den Anschein dass das Neue Testament nicht ausreichend sei.

Wenn nun Origenes dieses Werk darauf beschränkt hätte, die Summe der Glaubensinhalte welche den Christen seiner Tage überliefert wurden zusammenzufassen, wäre das nicht unbedingt eine schlechte Idee gewesen.

Jedoch war der Zweck dieses Buches nicht etwa, das zu wiederholen was die Kirche bereits lehrte. Nein, der Zweck von *De principiis* war über theologische Bereiche zu spekulieren, wo die Kirche keine fixierte Lehre hatte und wo die Bibel wenig Licht auf die Dinge warf. Mit anderen Worten, das Buch war zum Großteil ein Werk seiner persönlichen theologischen Spekulationen.

So schrieb Origenes etwa über die Frage woher unsere Seelen kommen. Existieren sie bevor sie in unseren Körper kommen? Oder werden sie neu erschaffen zu dem Zeitpunkt der Zeugung?

Und erschaffen unsere Eltern unsere Seele während der Zeugung? Oder benutzt Gott jedes Mal eine einzigartige Schöpfung wenn ein Mensch erzeugt wird? Die Kirche hatte keine Lehre zu dem Thema, weil die Bibel nichts darüber sagt. Es gibt viele Bereiche die mit Leben und der Ewigkeit zu tun haben, wo uns jedoch die Bibel nicht viel verrät.

Es ist weise solche Dinge in Ruhe zu lassen und nicht in Mysterien einzusteigen, bei denen Gott nicht beschlossen hat sie uns zu offenbaren.
Anders als die theologischen Bücher nach seiner Zeit, versuchte er anderen Christen nicht seine Ideen als etwas aufzuzwingen was sie glauben sollten. Er sagte deutlich dass dies seine persönlichen Spekulationen sind. Er stellte immer klar was die Kirche zu dem jeweiligen Thema zu sagen hatte, und war bedacht darauf, nicht etwa im Widerspruch zu dem stehen wo die Kirche eine eindeutige Lehre hatte.
Origenes war gerade mal in seinen 20ern, und hielt keine besondere Position der Autorität in der Kirche, und nichts lag ihm ferner als, Dogmen aufzustellen welche er für andere für verbindlich erklärt hätte.

Nichtsdestotrotz, wurde *De principiis* das Werk, das den Startschuss für eine neue Klasse von christlichen Theologen gab. Anstatt einfach bei den Aussagen der Heiligen Schrift zu bleiben - und Dinge in Ruhe zu lassen über die nichts geoffenbart wurde - hat er den Schritt getan über die Schrift hinauszugehen. Er machte es salonfähig, über Dinge zu spekulieren, die uns die Schrift nicht deutlich offenbart.
Auch half er eine Kluft zwischen den *"Weisen und Gelehrten"* und den gewöhnlichen Christen auf zu tun.

Und die Gelehrten konnten Origenes theologische Spekulationen verstehen und darüber debattieren. Die gewöhnlichen Christen konnten das nicht. Es war genau das selbe Muster, wie zwischen den jüdischen Theologen und ungebildeten, gewöhnlichen Juden.

Und sobald er einmal die Tür dazu geöffnet hatte, folgte eine Welle von theologischen Spekulationen. Noch bevor das dritte Jahrhundert vorbei war, verstrickten sich Christen überall in theologische Spekulationen und Streitgespräche. Und während Origenes einen sanften und undogmatischen Geist hatte, waren die Theologen die ihm folgten oftmals sehr dogmatisch und verurteilend.

Die ersten Bibelkommentare

Origenes hat nicht nur die ersten theologischen Werke verfasst, sondern auch die erste Reihe von Bibelkommentaren. Jedoch verstärkten seine Kommentare den Eindruck dass die Gewöhnlichen und Ungebildeten nur an der Oberfläche der Heiligen Schrift kratzen. Seine Kommentare förderten die Idee dass es viel feste, geistliche Speise gebe die der Durchschnittschrist nicht aufzunehmen vermag, und die nur die Klugen und Gebildeten erfassen könnten. Und diese Vorstellung hält sich bis heute. Heutzutage haben gewöhnliche Christen die z.b. Sonntagsschulunterricht geben oder Predigten halten, den Eindruck sie müssten sich an Kommentare wenden um "richtig" zu verstehen was die Heilige Schrift sagt.

Nach Origenes Tod, verschob sich die Balance weg von den einfachen Leuten und den Ungebildeten zu den Klugen und Gelehrten. Eine neue Klasse von Theologen hatte sich formiert. Auch wenn Origenes unabsichtlich diese theologische Bewegung losgetreten hat, blieb er sein ganzes Leben ein Christ der das Reich Gottes lebte. Er erlor das Reich Gottes nie aus den Augen. Leider lässt sich das selbe nicht über die Leute sagen die seine Nachfolger wurden.

9 Das erste theologische Duell

Es ist wichtig zu verstehen dass die Theologen ihren Status in und über der Kirche in Etappen erhielten. Das passierte nicht alles auf einmal. Vielmehr war es so dass die Kirche etwa 150 Jahre nach dem Tod von Origenes in denselben Zustand kam, wie das Judentum zur Zeit Christi. Die meisten von ihnen versuchten *"ihre Kirche vor Häretikern zu retten"*.

Trotzdem schufen diese Männer mit guten Absichten etwas das im direkten Gegensatz zu dem Stand was Jesus für sein Reich eingesetzt hatte.

Zu Beginn des 4.Jahrhunderts brodelten theologische Kriege in der Kirche, und wurden vorallem von 2 Dingen entflammt:

> *(1.) Christen spekulierten über Dinge die sie lieber hätte in Ruhe lassen sollen.*
> *(2.) sie hatten den Fokus auf Christus als ihren König und auf sein Reich verloren. Sie stellten theologische Dogmen über die Früchte des Reiches Gottes.*

Ein theologisches Gefecht schaffte es auf die Hauptbühne. Es ist heute bekannt als der arianische Streit, und betrifft den Ursprung des Sohnes. Was uns die Schrift sagt ist das Jesus " *der Eingeborene vom Vater*" ist und dass er " *Im Anfang*" als das Wort existierte (Siehe **Joh. 1:1,14**).

Nichtsdestotrotz, hatte die Kirche eine einheitliche

Lehre über den Sohn und seinen ewigen Ursprung aus dem Vater. Sie verglichen den Vater, den Sohn und den Heiligen Geist mit der Sonne. Der Vater ist wie die Sonne selbst. Der Sohn ist wie die Sonnenstrahlen welche aus der Sonne hervorgehen. [19] und der Heilige Geist ist wie die Wärme die von der Sonne ausgeht.

Wenn unsere Sonne ewig ist, aber so ist es auch das Licht und die Wärme welche von ihr kommen. Und gleichermaßen, sind es der Sohn und der Heilige Geist weil es auch der Vater ist.

Die Heilige Schrift sagt uns das die ganze Fülle der Gottheit oder der göttlichen Natur in Jesus wohnen. Er hat also dieselbe Natur wie der Vater.

Und zur selben Zeit, sagt die Heilige Schrift klar und deutlich dass der Vater das Haupt Christi ist. Der Vater und der Sohn sind wesensgleich oder gleichwertig in ihrer Natur, doch trotzdem ist da eine Hierarchie oder eine Ordnung innerhalb der Trinität. [20]

Nichtsdestotrotz, waren die Christen des zweiten Jahrhunderts nicht der Überzeugung dass ein lückenloses und fehlerfreies Verständnis der Trinität notwendig sei um zu den Grundlagen des Glaubens zu halten. Das ist der Grund warum ihr Glaubensbekenntnis wie folgend lautete:

> *Ich glaube an einen einzigen, allmächtigen Gott, den Schöpfer der Welt, und seinen Sohn Jesus Christus, der geboren ist aus Maria, der Jungfrau, gekreuzigt unter Pontius Pilatus, am dritten Tage wieder auferweckt von den Toten; aufgenommen in den Himmel, sitzt er jetzt zur Rechten des Vaters, um wieder zu kommen zu*

richten die Lebendigen und die Toten, infolge der
Auferstehung auch des Fleisches. [21]

Wie der Streit anfing

Die Kirche des vierten Jahrhunderts jedoch war
grundlegend verschieden von der Kirche des zweiten
Jahrhunderts. Denn im vierten Jahrhundert war die
Kirche voller Amateurtheologen welche dachten sie
müssten Dinge festnageln die nicht explizit in der
Schrift genannt sind. Am Ende dessen steht dass
Alexander der Bischof von Alexandria alle Ältesten in
der Stadt zusammengerufen hat um Fragen über die
Zeugung des Sohnes und seine Beziehung zum Vater
zu besprechen. Aus den Dingen die Alexander
während der Konferenz sagte, schlussfolgerte ein
Ältester namens Arius dass Alexander eine un-
orthodoxe Sicht des Vaters und des Sohnes hätte.
Arius kam es so vor dass Alexander eine Position hielt
die als Sabellianismus oder Modalismus bekannt ist.

Heute wird diese vor allem als Oneness-Theologie
bezeichnet. Das bedeutet wenn jemand die Ansicht
vertritt dass der Vater und der Sohn nur zwei verschiedene Modi oder Erscheinungen ein und
derselben Person sein. Also widersprach Arius dem
was Alexander zu dem Thema sagte, und die beiden
Männer gerieten in ein hitziges Streitgespräch. Die
anderen ältesten schlugen sich auf die eine oder die
andere Seite. Und was zuerst ein persönlicher Streit
war erfasste bald die gesamte christliche Bevölkerung
von Alexandria. Und von hier griff da Streit auf
andere Kirchen über.

Arius beging einen klassischen theologischen Fehler welchen ich Newtons Gesetz der Theologie nenne.

Newtons drittes Bewegungsgesetz sagt, das auf jede Aktion eine gleichartige oder gegensätzliche Reaktion folgt. In der Theologie bedeutet das, wenn jemand einen theologischen Fehler vertritt, wird es jemand anderen geben der genau das gegenteilige extrem als Antwort darauf vertritt, und dadurch einen neuen theologischen Irrtum als Antwort erschafft.

Arius war so entschlossen gegen die Oneness-Irrlehre vorzugehen dass er viel zu weit in die andere Richtung auschlug. Er ignorierte einfach was die Kirche schon immer über Vater und Sohn gelehrt hatte und behauptete nun, dass weil der Sohn gezeugt ist, er einen zeitlichen Anfangspunkt haben müsse. Ferner behauptete er der Sohn sei aus dem Nichts erschaffen wurde und ignorierte damit die biblische Lehre der Kirche dass der Sohn ewig und ohne Anfang vom Vater gezeugt wurde, so wie Licht von der Sonne ausgeht.

Und weil er sich selbst für viel zu wichtig nahm und darin gefangen war, interessierte es Arius auch nicht, ob er die Kirche durch seinen Versuch sie vor der Oneness-Irrlehre zu retten, entzwei brach.

Lasst es einfach gut sein!

Konstantin war überzeugt dass das Christentum, die einzig wahre Religion sein sollte, und er wollte sie voranbringen. Er war jedoch ziemlich verärgert darüber, als er hörte, dass die Christen sich nun gegenseitig zerfleischen, nachdem er ihnen Religionsfreiheit eingeräumt hatte.

Also setzte er sich mit einem Mann der Kirche zusammen. Nämlich Hosius von Spanien. Hosius erklärte Konstantin die Natur dieses Streites, und nannte ihm auch direkt seine vorgeschlagene Lösung: *„Sage beiden Seiten sie sollen die Sache einfach auf sich beruhen lassen."*
Also schrieb Konstantin einen Brief an Alexander und Arius, und Hosius reiste nach Ägypten um den Brief persönlich zu übergeben, und um die beiden Männer anzuregen seinem Ratschlag zu folgen. Der Brief sagte:

> *Darum soll ein jeder von euch in gleicher Weise dem andern Verzeihung gewähren und das annehmen, was euch euer Mitknecht mit vollem Rechte rät. Was ist aber dies?*
>
> *Man hätte weder von Anfang an über solche Dinge fragen noch auch auf die Frage eine Antwort geben sollen; denn wenn auch solche Fragen, zu denen keine Vorschrift eines Gesetzes zwingt, sondern nur die Streitsucht unnützen Nichtstuns verleitet, aufgestellt werden können, daß die Geisteskraft daran geübt werde, so müssen wir sie doch im Innern unseres Herzens verschließen und dürfen sie nicht leichthin in öffentliche Versammlungen bringen oder unbedachtsam den Ohren des Volkes anvertrauen. Denn wie wenige gibt es, die imstande wären, die Tragweite so bedeutender und überaus schwieriger Fragen genau zu überschauen oder entsprechend dazulegen?* [22]

Hier nun wurden Worte der Weisheit gesprochen: Lasst es gut sein und konzentriert euch darauf Christus zu folgen! Spekuliert nicht über Dinge die nicht klar und deutlich in der Schrift formuliert sind. Es war eine Stimme des einfachen; primitiven, und früchte-orientierten Christentums. Aber es sollte eines der letzten Male gewesen sein dass diese Stimme gehört würde.

Es gut sein lassen?

"Es gut sein lassen? Um Himmels Willen, das hätte ja dazu geführt, das furchtbare Dinge in die Kirche einge-drungen wären! Hat denn Hosius nicht gesehen, was das mit der Naturdes Sohnes anrichtet?!", ist was ich von vielen Leuten dazu höre

Oh doch, Hosius Verstand absolut was das mit der Natur des Sohnes macht: Absolut nichts. Denn ob die Sache ruhen gelassen wird oder nicht, macht keinen Unterschied denn die Natur des Sohnes bleibt dieselbe.
Oder sind wir so töricht zu glauben dass unsere Vor-stellungen von der Natur des Sohnes und seiner Zeu-gung und Beziehung zum Vater irgendeinen Einfluss auf diese Realität haben können? Denn die Gott-heit/Göttlichkeit des Vaters und des Sohnes und ihre wahre Natur und Beziehung bleiben gleich, egal was wir unwissenden Menschen darüber denken mögen. Der durchschnittliche ungelernte Christ des zweiten Jahrhundert hätte vermutlich keine vollständige Erklärung der Zeugung des Sohnes und der Bezieh-ung zwischen Vater und Sohn abgeben können. Manche Christen könnten aus Mangel an Erkenntnis zu der Oneness-Irrlehre gehalten haben indem sie dachten dass der Sohn eine andere Erscheinungsform des Vaters wäre wäre.

Doch gab es zu dieser Zeit keine Konzilien und es wurde auch niemand deswegen exkommuniziert. Die Kirche des zweiten Jahrhunderts dies diese Sachen ruhen. Was war nun das Resultat?

Hört denn der Vater und der Sohn auf zu existieren weil manche Christen Jesu Worte falsch verstanden? Ganz sicher nicht.

Aber wie ich bereits sagte, die Kirche des 4. Jahrhunderts war anders. Also hörte niemand auf Hosius' Rat, die ganze Sache ruhen zu lassen. Natürlich können wir nicht sicher sagen was passiert wäre wenn alle zugestimmt hätten die Sache auf sich beruhen zu lassen, aber wir wissen sicher was passiert ist weil sie sich weigerten es auf sich beruhen zu lassen. Und der Schaden für das Reich Gottes der dadurch entstand war immens.

10 Der große Wendepunkt der christlichen Geschichte

Als die beteiligten Parteien sich weigerten die Sache fallen zu lassen, hatte Kaiser Konstantin die Idee ein Konzil einzuberufen und so viele Bischöfe wie möglich in seine Sommerresidenz in Nicäa einzuladen. Er dachte ein weltweites Konzil wäre in der Lage die Sache beizulegen.

Außerhalb des Geschehens des Neuen Testamentes, war das Konzil von Nicäa ohne Zweifel einer der großen Wendepunkte in der ganzen christlichen Geschichte. Dieses Ereignis ist sogar noch bedeutender gewesen als die Reformation. Der Grund dafür ist dass die Büchse der Pandora zu diesem Zeit. geöffnet wurde, die seitdem nie geschlossen wurde.

Die Genügsamkeit der Heiligen Schrift

Der Grund warum Konstantin das Konzil von Nicäa einberief, war weil er das Christentum einen wollte und nicht es noch weiter spalten. Als die Delegierten eintrafen, appellierte Konstantin, sie sollten eine gemeinsame Grundlage finden auf die sich einigen könnten.

Dementsprechend schlugen verschiedene Männer vor dass die Delegierten eine Glaubensformel oder ein Bekenntnis aus arbeiten sollten, dem alle der Anwesenden zustimmen könnten. Und die Anhänger des Arius waren bereit diesen Formeln zuzustimmen. Aber nun nahmen die Ereignisse eine neue Wendung.

Auch wenn die vorgelegten Formeln komplett orthodox waren und in der Bedeutung den Begriffen folgte die die Heilige Schrift verwendet, wurde sie von der Partei Alexanders abgelehnt. Warum?

Weil sie im tiefen ihres Herzens wussten, dass die Arianer etwas anderes meinten als die Partei von Alexander wenn sie diese Formeln zitierten. Der Fokus des Konzils hatte sich nun gedreht. Der Zweck war nicht mehr länger einen irrenden Bruder zurecht zu bringen oder eine schriftgemäße Erklärung abzugeben welche dem Streit ein Ende machen würde. Nein, das Ziel war nun einen Keil zwischen die arianische Partei und die alexandrinische Partei zu treiben, mit einer Formel der die Arianer nicht zustimmen können.

Zur selben Zeit, realisiert die Partei Alexanders dass sie die Grenzen der Schrift erreicht hatten. Und anstatt diese Grenze zu akzeptieren, treffen sie eine folgenreiche Entscheidung. Sie entschieden dass die Formulierungen der Heiligen Schrift nicht ausreichend wären um für Klarheit zu sogen. Das Konzil müsste über die Schrift rausgehen um die Arianer aus der Kirche zu drängen.

Konstantin sah dass die Mehrheit der Delegierten hinter Alexander stand, und so gab er sein erklärtes Ziel, Einheit unter den Delegierten zu schaffen, auf. Er selbst unterstützte nun die Idee, ein Bekenntnis aufsetzen lassen welches die Arianer aus der Kirche treiben würde und die Sache zu einem Ende bringen. Aber um das zu tun, musste die Ausdrucksweise über die Schrift hinausgehen.

Und Konstantins Vorschlag machte das Rennen, und nahezu alle Delegierten des Konzils akzeptierten das in der Folge aufgesetzte Bekenntnis - alle außer Arius und dem härtesten Kern seiner Unterstützer. Dieses Bekenntnis ist heute als das Nicäanische Bekenntnis bekannt und liest sich wie folgt:

> *Ich glaube an den einen Gott,den Vater, den Allmächtigen, den Schöpfer alles Sichtbaren und Unsichtbaren.*
>
> *Und an den einen Herrn Jesus Christus,*
> *den Sohn Gottes, der als Einziggeborener aus dem Vater gezeugt ist, das heißt: aus dem Wesen des Vaters, Gott aus Gott, Licht aus Licht, wahrer Gott aus wahrem Gott,gezeugt, nicht geschaffen, eines Wesens mit dem Vater (homoousion to patri);*
> *durch den alles geworden ist, was im Himmel und was auf Erden ist;*
> *der für uns Menschen und wegen unseres Heils herabgestiegen und Fleisch geworden ist,*
> *Mensch geworden ist, gelitten hat und am dritten Tage auferstanden ist, aufgestiegen ist zum Himmel, kommen wird um die Lebenden und die Toten zu richten;*
>
> *Und an den Heiligen Geist.*
> *Diejenigen aber, die da sagen „es gab eine Zeit, da er nicht war" und „er war nicht, bevor er gezeugt wurde", und er sei aus dem Nichtseienden geworden, oder die sagen, der Sohn Gottes stamme aus einer anderen Hypostase oder Wesenheit,oder er sei geschaffen oder wandelbar oder veränderbar,die verdammt die katholische Kirche. [richtig:die belegt die katholische Kirche mit demAnathema]*

Homoousian

Das nicäanische Bekenntnis ist absolut orthodox also, in Übereinstimmung mit der ursprünglichen Lehre in seiner Bedeutung. Das wird auch deutlich wenn man die Schriften von verschiedenen Delegierten betrachtet die bei dem Konzil anwesend waren. Diese Männer bekannten sich schlicht und einfach dazu dass der Sohn ewig ist und dass er von derselben Natur ist wie sein Vater. Das Bekenntnis fast den historischen Glauben ausgezeichnet zusammen, und das ist warum ich am Inhalt des nicäanische Bekenntnisses nichts auszusetzen habe.

Dennoch verdamme ich den Geist von Nicäa und die Frucht die daraus produziert wurde. Das Konzil hätte einfach Arius von seinem Amt entheben können und ihn aus der Kirche exkommunizieren, dafür dass er eine Spaltung vorantrieb und weil er entgegen des Glaubens und der Lehre lehrte der von den Heiligen überliefert wurde. Und sie hatten keinen neues Bekenntnis kreieren müssen um das zu tun.
Auch denke ich es war ein Fehler einen neuen theologischen Begriff einzuführen, homoousian, welcher "*eines Wesens mit dem Vater*" bedeutet.

Dieser Begriff kombiniert zwei griechische Wörter, **homo**, was " *dasselbe* oder *dieselbe* " und **ousia**, was "*Substanz* " oder "*Natur*" bedeutet. Tatsächlich wurde nach Nicäa "homoousian" zum Prüfstein der Rechtgläubigkeit.
Es gibt nur ein großes Problem mit diesem Wort: Es taucht nirgendwo wortwörtlich in der Heiligen Schrift auf. Und das Konzil sagte nun, dass man um

ein Christ zu sein sich zu diesen theologischen Begriff bekennen muss der nirgendwo wortwörtlich in der Bibel auftaucht. Auch das Wort ousia wird in der Bibel nicht im Zusammenhang mit Gott benutzt.[23]

Die Sieger von Nicäa sagten dass die Schrift allein nicht ausreicht um einen Disput beizulegen. Und sie sagten auch dass die Bibel nicht genug erklärt oder definiert was wir in bestimmten Dingen wissen müssen.

Das Christentum wird Dogmatum

Die deutlichste Botschaft die vom Konzil von Nicäa kam, war das Gottes Gnade allerlei böse Taten zu-decken kann, nicht jedoch theologische Irrtümer. Aus Gott wurde jemand der besorgter über unsere Theologie ist als über unsere Früchte. Und das obwohl Jesus und sagte:

> *Darum sage ich euch:*
> *Jede Sünde und Lästerung wird den Menschen*
> *vergeben werden; aber die Lästerung des*
> *Geistes wird den Menschen nicht vergeben*
> *werden.*
> *Und wer ein Wort redet gegen den Sohn des*
> *Menschen, dem wird vergeben werden; wer*
> *aber gegen den Heiligen Geist redet, dem wird*
> *nicht vergeben werden, weder in dieser Weltzeit*
> *noch in der zukünftigen.* Matthäus 12:31-32

Nun war Realität dass es kein Gewicht mehr hatte, wenn jemand Früchte aus einer von Gehorsam ge-prägten Liebesbeziehung mit Christus brachte.

Auf der anderen Seite jedoch, wurde nun jemand recht herzlich willkommen geheißen der keinerlei der Früchte brachte die von einer wahren Beziehung mit Christus herrühren solange er sich zum nicänischen Bekenntnis bekannte.

Das Wort Häretiker - welches ursprünglich eine spaltende Person bedeutete - stand nun für eine Person die einen bestimmten theologischen Irrtum vertritt. Und diese Häretiker waren das Übel schlecht hin. Kurz um: Aus dem Christentum wurde nun das Dogmatum.

11 Wenn die Theologen regieren

Interessanterweise, nutzte die neue Klasse der christlichen Theologen die gleichen Methoden die schon die jüdischen Theologen perfektionierten um ihre Macht zu bewahren.

> (1) Sprachmobbing
> (2) die Behauptung einen speziellen Status als Ausleger der Heiligen Schrift zu haben.

Die Schriften der Christen zweiten Jahrhunderts enthalten wenige Diskussionen oder Streitigkeiten über die Bedeutung bestimmter griechische Wörter die in der Heiligen Schrift verwendet werden.

Im vierten Jahrhundert jedoch waren die meisten Streitigkeiten über die Bedeutung von griechischen Wörtern die im Neuen Testament zu finden sind.

Keiner der Parteien wäre in den Sinn gekommen dass vielleicht einige griechische Wörter seit der Zeit der Apostel einen bedeutungswechsel erfahren haben.

Wie ich bereits vorher erwähnt habe, war das nicänische Bekenntnis auf einen theologischen Begriff zentriert der nicht einmal in der Schrift vorkommt: *homoousian.*

Aber was macht der das mit den gewöhnlichen, ungebildeten griechischsprachigen Christen?

Es grenzte sie aus! Nun mussten sie praktisch die Klappe halten und zuhören was die neuen Theologen zu sagen hatten, da sie nicht in der Position waren gegen die linguistischen Tricks der Elite anzukämpfen.

Und wenn die Theologen schon die griechisch-sprachigen einfachen Christen ausgrenzen und mobben konnten, was dann erst mit den durch-schnittlichen lateinischsprachigen oder aramäisch-sprachigen Christen? Weil die meisten theologischen Gefechte des 4. und 5. Jahrhunderts mit neu er-schaffenen griechischen Begriffen geführt wurden, war es leicht die vielen Christen die kein Griechisch sprechen konnten zu Unterordnung zu zwingen.

Das "Big Picture" verpassen

Wie sich herausstellte, war das theologische Duell dass Alexander und Arius begonnen hatten nicht mit dem nicänisches Bekenntnis beendet.

Die beiden Seiten erklärten einander den Krieg (sowohl wörtlich als auch im übertragenen Sinne), der für mehr als ein Jahrhundert nach Nicäa andauern sollte.

Am Ende gewann die nicäanische Partei die Schlacht. Abersie verloren den Krieg für das Reich Gottes. Als die Zeit des arianischen Streites endlich vorbei war, hat das Christentum wenig Ähnlichkeit mit dem Christentum welches blühte bevor der arianische Streit begann. Die Theologen bewiesen dass sie selbst die Blindenleiter waren, die die Mücke aussieben, und das Kamel verschlucken.

Wie die jüdischen Theologin vor ihnen, verstand die neue christliche Theologenklasse nicht, dass der effektivste Weg Gott zu ehren durch eine von Früchten geprägte Liebesbeziehung mit ihm ist. Anstatt dessen stellten sie sich vergeblicherweise vor dass wir Gott durch unsere theologischen Ansichten, und nicht durch die Früchte die sich in unserem

Leben erweisen zeigen könnten.

Es ist interessant festzustellen dass in den Jahrhunderten nach Nicäa, kein einziger Mensch vor ein Tribual gezogen und verbrannt wurde weil er nicht die Früchte des Reiches Gottes brachte.

Nein, Menschen wurden gefoltert, ins Gefängnis geworfen, auf dem Scheiterhaufen verbrannt weil sie (tatsächliche oder angebliche) häretische Ansichten vertraten, Kopien der Heiligen Schrift besaßen, unautorisierte christliche Versammlungen abhielten, oder ohne eine Lizenz des Staates oder der Kirchenführung predigten. Wenn eine Person nicht sehen kann wie absolut verwerflich es in den Augen Christi ist andere zu foltern, bei lebendigem Leibe zu verbrennen, oder die auf andere brutale Weise umzubringen - dann ist diese Person vollkommen verblendet.

Menschenlehre dem Wort Gottes hinzufügen

Als die christlichen Theologen an die Macht kamen, begannen sie zügig dem Wort Gottes Menschenlehren hinzuzufügen - so wie es die Schriftgelehrten und Pharisäer getan hat. Wir haben besprochen wie die Bischöfe beim Konzil von Nicäa das " orthodoxe " Christentum an einem Wort fest gemacht haben, welches sich nicht einmal in der Schrift befindet. Und das war nur der Anfang. Bald begannen sie zu behaupten dass die Entscheidung beim Konzil von Nicäa von Gott inspiriert sei und dieses Bekenntnis daher auf demselben Level stehen würde wie die Heilige Schrift selbst. Noch viel schlimmer, sie begann auch noch die Lehren von Jesus selbst zu unterminieren.

12 Was passierte während die Theologen im Ring waren

Wie bereits vorher erwähnt habe, war die letzte Stimme der frühen Christen die Ermahnung des Bischofs Hosius,die Sache auf sich beruhen zu lassen. Heute haben Christen immer noch eine harte Zeit dabei diesen Ratschlag anzunehmen. Doch wird die Weisheit in diesem Ratschlag klar wenn wir uns anschauen was passierte weil alle beschlossen den Disput fortzuführen.

Ich nenne das Konzil von Nicäa den großen Wendepunkt in der christlichen Geschichte. Es war ein Wende. hinzum Schlechten und nicht zum Guten. Ironischerweise hat das Konzil das Ziel verfehlt, wozu es angetreten war.

Dann sein Ausgang, führte nicht zu einem Ende des arianischen Streits. Stattdessen weitete er sich zu einem Flächenbrand aus. Der Konflikt dauerte mehr als ein Jahrhundert. Während die Kirchen Leiter so beschäftigt mit der arianischen Angelegenheit waren, sickerten allerlei Verdorbenheiten in die christliche Kirche ein.Hier sind nur ein paar davon.

Einheit zwischen Staat und Kirche

Die Delegierten in Nicäa waren so beschäftigt mit ihren theologischen Angelegenheiten, dass keiner von ihnen hinter fragte ob es richtig sei, das ein ungetaufter römischer Imperator ein Konzil von christlichen Bischöfen einberuft. Und dem nicht genug haben sie auch nicht hinterfragt dass dieser sekuläre Herrscher den Vorsitz über das Konzil übernahm. Sie nahmen sogar das Bekenntnis an, welches auf sein Betreiben hin ausgearbeitet wurde, und das obwohl es über die Schrift hinausging.

Auch wenn Konstantin sich selbst schon vorher in die Angelegenheiten der Kirche eingemischt hatte, war das Konzil von Nicäa der Zeitpunkt, wo Kirche und Staat effektiv miteinander verschmolzen. Doch die Kirchenleiter waren so beschäftigt mit dem arianischen Streit, dass keiner von ihnen von diesem monumentalen Wechsel Notiz nahm. Sie dachten sie hätten die Weisheit göttliche Fragen zu klären, doch waren sie noch nicht mal in der Lage irdische Angelegenheiten zu regeln. Denn keiner von ihnen sah wie unmöglich eine Vereinigung zwischen dem Reich Gottes und dem Reich der Welt ist. Sie dachten sie könnten das römische Imperium in das Reich Gottes verwandeln. Und irgendwie entging ihnen eine der grund-legendsten Tatsachen über das Reich Gottes:

Es ist" nicht von dieser Welt [Joh. 18:36]*."*

Verfolgung

Mit der Vereinigung von Staat und Kirche ging die Verfolgung derjenigen Hand in Hand welche der Kirche entgegen standen. Scheinbar war den siegreichen Bischöfen von Nicäa klar dass das Strafmaß welches Arius traf nicht Zensur oder Exkommunikation sein würde - er wurde in eine entlegene Region des Imperiums verbannt. Tatsächlich akzeptierten die Bischöfe diese Strafe welche mit Hilfe der Staatsgewalt durchgesetzt wurde mit Schadenfreude.

Indem Sie jemanden verfolgten, weil er einen theologischen Irrtum vertrat, entehrten sie Christus mehr als es die Irrlehren des Arius getan hatten.

Aber irgendwie wurde ihnen das nie klar.

Leute ins Exil schicken war jedoch bloß der Anfang. Augenblicklich nach Nicäa, gab Konstantin ein Edikt heraus welches verlangte, dass alle Kopien von Arius Schriften verbrannt werden sollten, und er drohte jeden mit der Todesstrafe der weiterhin Schriften von Arius verborgen hielt. Doch gab es keinerlei Protest von den Leitern der Kirche. Noch bevor das vierte Jahrhundert vorbei war, wurde das spanische Christ Priscillian und sechs seiner Anhänger hingerichtet weil sie für eine asketische Lebensführung eintraten. Der Verfolgung der Priscillianer folgte bald die Verfolgung der Donatisten.

Und interessanterweise wurde Blasphemie eines der Lieblingswörter der neuen Theologen, so wie es schon das Lieblingshaustier der jüdischen Theologen zu Jesu Zeiten gewesen ist.(siehe *Mt. 26:65, Mk. 14:64, Joh. 10:33*).

In ihrer Verblendung, sagen die Theologen nicht das andere zu ermorden und das auch noch im Namen Gottes weitaus blasphemisch ist als die Irrtümer verschiedener Leute die berechtigterweise oder unberechtigterweise als Häretiker beschuldigt worden.

Wir und die

Bitte beachte dass Jesus seinen Jüngern nicht gesagt hatte einige von euch werden Ihre Mitchristen zu Tode bringen weil ihr denkt dass ihr Gott einen Gefallen erweisen werdet.

Er sagte:

> *Sie werden euch aus der Synagoge ausschließen;*
> *es kommt sogar die Stunde, wo jeder, der euch*
> *tötet, meinen wird, Gott einen Dienst zu*
> *erweisen.*^{Johannes 16:2}

Es sind also nie die Jünger Christi die andere töten.
Sie sind diejenigen die getötet werden. Diejenigen die
dieMorde ausführen sind immer eine dritte Partei -
jemandaußerhalb des Reiches Gottes. Und in
derselbenAngelegenheit, sagt Jesus:

> *Wenn sie euch aber in der einen Stadt verfolgen,*
> *so flieht in eine andere.*^{Matthäus 10:23}

Echte Christen sind diejenigen die verfolgt werden.
Sie sind nie diejenigen die andere verfolgen (Siehe
auch **Phil. 1:29**)
Dementsprechend,wenn bekennende Christen töten
und andere verfolgen, haben sie sich selbst außerhalb
des Reiches Gottes gestellt (wenn sie jemals überhaupt ein Teil davon gewesen sind), und sind ein Teil
von *"den anderen"* geworden.
Sie sind Außenstehende geworden. Leute die nicht
mehrlänger zu Christus gehören. Das ist was die
christlichen Theologen vom 4. Jahrhundert an taten.
Genau wie die jüdischen Theologen ermordeten die
christlichen Theologen - nicht nur echte Häretiker -
sondern auch echte Kinder des Reiches Gottes. Und
sie dachten dabei auch noch dass sie Gott einen
Dienst durch ihr Treiben erwiesen hätten. Sie ließen
sich tatsächlich träumen dass sie Gott ehren würden.
Mitchristen zu verfolgen und zu ermorden, weil sie
andere Ansichten vertreten war und ist Christus
vollständig zu verleugnen und alles wofür sein Reich
steht.

Das Beispiel vom treuen Knecht und vom bösen Knecht, zeigt uns wie Jesus über Christen denkt die ihre Brüder verfolgen:

> *Wenn aber jener böse Knecht in seinem Herzen spricht: Mein Herr säumt zu kommen!, und anfängt, die Mitknechte zu schlagen und mit den Schlemmern zu essen und zu trinken, so wird der Herr jenes Knechtes an einem Tag kommen, da er es nicht erwartet, und zu einer Stunde, die er nicht kennt, und wird ihn entzweihauen und ihm seinen Teil mit den Heuchlern geben. Da wird das Heulen und Zähneknirschen sein.* Matthäus 24:48-51

Jesus wird sich nicht mit christlichen Bekennern abgeben welche ihre christlichen Brüder schlagen (oder sogar töten). Und obwohl diese bösartige Praxis unter ihren Augen eingeführt wurde, waren die Theologen des 4. Jahrhunderts auf beiden Augen blind. Die waren viel zu beschäftigt damit die Überreste der Arianer auszumerzen.

Krieg und Gewalt

Von Anfang an, hatten die Christen immer die Teilhabe an Gewalt, Krieg und jeder Art von Töten verdammt. Die Schriften der frühen Christen machen dies deutlich.[24]
Selbst das Konzil von Nicäa bestimmte das Ex-Soldaten zurück ins Militär gehen wollten exkommuniziert werden müssten.[25]
Innerhalb von ein paar Jahren nach Nicäa, begannen Christen jedoch der Armee beizutreten. Zuerst führten "Christen" nur Krieg gegen Heiden, aber

noch bevor das Jahrhundert vergangen war schlachten "Christen" andere "Christen" ab. Es war nicht nur Katholiken gegen Arianer, sondern auch Katholiken gegen Katholiken und Arianer gegen Arianer.

Und als christliche Bekenner beschlossen hatten dass Gewalt gerechtfertigt sei um Streitigkeiten zu regeln, limitierten sieht das nicht nur auf den Krieg.

Der"christliche" Mob tötete sich gegenseitig in Streitigkeiten,etwa über Bischofswahlen aber auch in anderen Angelegenheiten. Die ermordeten einen heidnischen Philosophen in Alexandria, und brannten eine jüdische Synagoge in der entfernten östlichen Stadt Callinicum nieder.

Aber wieder einmal, die sind die Theologen zu beschäftigt mit den Arianern um davon Notiz zu nehmen. Und als sie das schließlich realisierten, versucht den Theologen wie Augustinus den Krieg mit den Lehren Christi für vereinbar zu erklären. So schrieb Augustinus:

> *Man mag annehmen dass Gott Kriegsführung nicht autorisieren konnte, denn in späteren Zeiten sagte der Herr Jesus Christus: "Ich aber sage euch: Ihr sollt dem Bösen nicht widerstehen; sondern wenn dich jemand auf deine rechte Backe schlägt, so biete ihm auch dieandere dar" Die Antwort jedoch ist, das hier keine äußere Handlung gemeint ist, sondern lediglich eine innere Disposition[26]*

Folglich ist es für Augustinus vollkommen in Ordnung andere Leute im Krieg zu töten, solange du denjenigen "liebst" den du tötest.

Er setzt fort:

> 6. Was ist das Übel im Krieg? Ist es der Tod von jemandem der bald sowieso auf jeden Fall stirbt, und das andere leben mögen in friedlicher Unterordnung? Das ist lediglich eine feiger Unwillen, und kein religiöses Gefühl. Die wahren Übel des Krieges sind die Liebe zur Gewalt, rachsüchtige Grausamkeit, wilde und unerbittliche Feindschaft, erbitterter Widerstand, die Lust an der Macht, und solche Dinge. Und im Gehorsam zu Gott oder eine rechtmäßigen Obrigkeit, unternehmen gute Männer überhaupt Kriege um diese Dinge zu strafen. Das ist, wenn Gewalt notwendig ist um eine Bestrafung auszuführen. [27]

In der frühen Kirche war es komplett verboten in den Krieg zu ziehen, noch Augustinus zufolge ist es ein Akt des Gehorsams gegenüber Gott in den Krieg zu ziehen. Aber was wenn ein Christ unter einem bösen Herrscher dient der im Unrecht ist? Augustinus hatte auch dafür eine Antwort.

> 7. Es gibt keine Macht ohne dass Gott, diese entweder anordnet oder zulässt. Daher kann ein rechtschaffener Mann unter einem Gottlosen König dienen. Und doch die Pflicht ausüben die zu seiner Position im Staat gehört indem er auf den Befehl dieses Herrschers kämpft. In diesen Fällen ist es schlicht der Wille Gottes dass er kämpfen sollte. Aber dies mag in anderen Fällen nicht so einfach sein, da die Befehle auf Seiten des Königs ungerecht sein mögen. Nichtsdestotrotz ist der Soldat unschuldig, dann seine Position macht Gehorsam zur Pflicht. [28]

Mit anderen Worten, es ist nicht nur richtig für Christen in den Krieg zu ziehen, es ist sogar gerecht für die bösen Interessen eines bösen Herrschers in den Krieg zu ziehen.

Die Resultat von Augustinus Lehre und der Theologen die ihm folgten, dass es kein Leben im Reich Gottes gibt – zumindest nicht in diesem Leben.

Das Endresultat solcher Lehren ist das Christen sich nicht anders benahmen als heidnische Römer. Sie werden Krieg gegeneinander führen und einander töten so wie es die Heiden getan haben. Sie werden diejenigen verfolgen, von denen sie glauben dass sie eine Irrlehre verbreiten, so wie es die Römer getan haben. Und wie die Heiden, werden sie Böses mit Bösem vergelten. Der einzige Unterschied ist dass sie es nicht taten um römische Götter zu ehren, sie dachten dass sie es in "Liebe" tun, um den wahren Gott zu ehren.

13 Was passierte noch wegen Nicäa

Ich hoffe die Weisheit hinter hosius Ratschlag ist dir nun klar. Die Theologen die versuchten die Kirche zu retten, zerstörten sie dadurch. Aber damit ist die Geschichte noch nicht zu Ende.

Marienverehrung

In seinem Eifer die Göttlichkeit Christi zu vergrößern, hatAthanasius, der energischste Verteidiger des nicänischen Bekenntnisses, Jesus' Mutter Maria den Titel "Mutter Gottes" verliehen. Danach wurde das vierte Jahrhundert die Zeit einer Explosion der Marienverehrung, und es waren die nicänisches Theologen - nicht die Arianer - welche dabei die Führung übernahmen.

Augustinus, der sozusagen die Speerspitze von Nicäa im Westen war, unterstützte die falsche Lehre von Marias immerwährender Jungfräulichkeit, und dass sie ein sündloses Leben gelebt habe.

Es war sogar so dass Augustinus Christen welche die immerwährende Jungfräulichkeit Mariens ablehnten als Häretiker brandmarkte.

> Häretiker, die Anti Diakomarianiten genannt werden, sind jene die die immerwährende Jungfräulichkeit Mariens leugnen und behaupten dass sie nach der Geburt Christi ein Fleisch mit ihrem Ehemann wurde.[29]

In einer seiner Predigten über die Bedeutung des Sonntags sagte Augustinus:

> Es ist nicht die sichtbare Sonne, sondern unser unsichtbarer Schöpfer welcher diesen Tag für uns geheiligt hat, als die jungfräuliche Mutter, fruchtbar in ihrem Schoß und vollständig in ihrer Jungfräulichkeit, ihn hervorbrachte und ihn für uns sichtbar machte, durch den, der als er unsichtbar war, sie auch geschaffen hatte.
>
> Eine Jungfrau, die empfängt, eine Jungfrau die ein Kind in sich trägt, eine Jungfrau schwanger, eine Jungfrau die gebärt, eine Jungfrau immerwährend. Warum wunderst du dich darüber, oh Mensch?[30]

Wenn also Augustinus schrieb dass alle Menschensündigen, nahm er Maria aus, indem er sagte:

> Wir müssen die heilige Jungfrau Maria hier ausnehmen, betreffs der ich keine Fragen stellen will die das Thema Sünde betreffen, aus Ehrfurcht vor dem Herrn. Denn von ihm wissen wir welch überfließende Gnade ihr zum Überwinden der Sünde im Besonderen ihr verliehen wurde, welche das Verdienst hatte den zu empfangen und zu gebären der zweifelsfrei keine Sünde hatte.[31]

Nach kurzer Zeit lehrte die Kirche das Maria leiblich in den Himmel aufgefahren sei und dass sie als Königin des Himmels regierte. Und wieder einmal, kam kein Wort Protestes aus den Mündern der nicänisches Theologen.

Die Bergpredigt ausweiden

Und während dies alles vor sich ging, begannen kommen unterstützer von Nicäa wie Augustinus Jesu Lehren in der Bergpredigt hinweg zu erklären, wie wir bereits gesehen haben. Zu derzeit als diese Theologen mit der Bergpredigt fertig waren, waren diese radikalen Lehren Jesu völlig bedeutungslos geworden.

Zum Beispiel lehrte Jesus:

> *Wiederum habt ihr gehört, dass zu den Alten gesagt ist: »Du sollst nicht falsch schwören; du sollst aber dem Herrn deine Schwüre halten«.Ich aber sage euch, dass ihr überhaupt nicht schwören sollt, weder bei dem Himmel, denn er ist Gottes Thron,* Matthäus 5:33-34

Das ist ein Gebot welches geradeaus und unmissverständlich präsentiert wurde, und die frühen Christen Namen es wörtlich. Aber Augustinus hatte keine Skrupel seinem Herrn zu widersprechen:

> *Man gebe einer Person zu verstehen dass das schwören nicht unter den Dingen erkannt ist die gut sind, sondern unter den Dingen die notwendig sind. Daher sollte er so weit wie er kann sich nicht darauf einlassen - außer wenn es notwendig ist. Das ist, wenn er Menschen sieht die langsam darin sind zu glauben was nützlich für sie ist zu glauben, es sei denn es wird Ihnen unter Eid versichert. Darauf bezieht sich die Aussage: "Es sei aber eure Rede: Ja, ja! Nein, nein! " Das ist gut und was erstrebenswert ist. "Was darüber ist, das*

ist vom Bösen." das ist, wo du genötigt wirst zu schwören, wisse dass es aus der Notwendigkeit heraus geschieht welche sich aus der Schwäche derjenigen ergibt, die du von etwas zu über-zeugen versuchst.[32]

Mit anderen Worten, Augustinus zufolge war Jesu Gebot mehr eine empfehlung. *"Ich aber sage euch, dass ihrüberhaupt nicht schwören sollt,"*- es sei denn jemand besteht darauf dass du es tust.

(Bloß nicht) die andere Wange hinhalten

Jesus sagte:

> *Ihr habt gehört, dass gesagt ist:* »*Auge um Auge und Zahn um Zahn!*«
> *Ich aber sage euch: Ihr sollt dem Bösen nicht widerstehen; sondern wenn dich jemand auf deine rechte Backe schlägt, so biete ihm auch die andere dar;*[Matthäus 5:38]

Das ist ein klares und unmissverständliches Gebot. Oder zumindest war es das bis Augustinus damit fertig war. Er beraubte Jesu Lehre seiner verbindlichen Bedeutungen, als er sagte:

> *Wir sind nicht davon ausgenommen Rache zu üben wenn es der Besserung dient, und wie das Mitgefühl es diktiert. Noch steht es der beabsichtigten Wirkung im Weg, wo jemand bereit ist mehr von der Hand dessen zu erdulden den er rechtleiten will. Aber niemand ist in der Lage diese Strafe auszuführen außer der Mann,*

der in der Größe seiner Liebe, den hast du
bekommen hat der normalerweise jene erfasst die
sich zu rächen wünschen. Denn es ist nicht zu
erwarten dass Eltern ihren kleinen Sohn hassen,
der nachdem er eine Übertretung begangen hat,
von ihnen geschlagen wird, damit er nicht weiter
übertritt.
Und die Vollkommenheit der Liebe ist uns
sicherlich durch die Nachahmung von Gott dem
Vater selbst vor Augen geführt ...."denn wen der
Herr liebt, den züchtigt er, wie ein Vater den
Sohn, an dem er Wohlgefallen hat." hat der Herr
sagt auch: "Der Knecht aber, der den Willen
seines Herrn kannte und sich nicht bereithielt
und auch nicht nach seinem Willen tat, wird viele
Schläge erleiden müssen;wer ihn aber nicht
kannte und doch tat, was Schläge verdient, der
wird wenig Schläge erleiden müssen."
Aus dieser Quelle leitet sich das höchst passende
Beispiel ab, das ist absolut klar ist Sünde er in
Liebe bestraft werden kann als ungestraft bleiben
darf. Folglich mag sich einer wohl wünschen dass
die Person, gegen die er die Strafe ausführt, nicht
Betrübtheit aufgrund der Strafe hat. Er wünscht
er sich dass er froh um die Korrektur ist.[33]

Es ist also am Ende völlig in Ordnung Rache an einem
Angreifer zu nehmen. Gehe dabei nur sicher dass dein
Motiv die Liebe ist, mit der Absicht diese Person
zurecht zu bringen! Mit solcher Mentalgymnastik,
kann eine Person jeden Vers der Bibel so verdrehen ,
wie auch immer er oder sie will.
Stell dir das vor! Mit ihren Lippen haben die
nicänischen Theologen Jesus so hochgepriesen wie es
nur geht.

Aber in der Realität sollten sie nicht im Widerspruch zu seinen eigenen Worten zu stehen. Sie haben seine Lehre ausgeweidet, seinem Reich geschadet, andere umgebracht und haben den historischen Glauben welcher ihn übergeben worden war verändert.

Aber wie die jüdischen Theologen vor ihnen meinten sie dass Gott mit Freude und Verzückung in seinen Augen auf sie herunter schaut.

Ja, die nicänischen Theologen haben sich als fähig erwiesen, das ewige hervorgehen und die ewige Preexistenz des Sohnes zu verteidigen. Es dauerte mehr als ein Jahrhundert die Wurzel des Arianismus (oder das was Arianismus genannt wurde) aus der römischenBevölkerung auszurotten und noch ein weiteres Jahrhundert um sie aus den germanischen Stämmen auszurotten. Aber während diese Theologen ihre ganze Energie darin investierten die institutionelle Kirche vom Arianismus zu säubern, wurde das Christentum so verdorben, dass es so gut wie keine Ähnlichkeit mehr mit dem Christentum des apostolischen Zeitalters hatte.

Die Theologen hatten die Schlacht gewonnen aber denKrieg verloren.

Aber als ein Resultat des arianischen Streites, schaffte es die theologische Klasse sich so tief in ihre Machtposition einzugraben, dass sie diese bis auf den heutigen Tag bewahren konnten.

14 Das Problem von "Doctrinianity"

Als Folge von Nicäa waren Jesu Worte *"Folge mir nach"* nicht länger im Fokus der institutionellen Kirche. Stattdessen wurde es *"studiere mich"*. Und das ist ein echtes Problem. Denn **Doctrinianity** oder das **Dogmatum** benötigt keine echte Beziehung zu Christus und keine Früchte. Es bedarf nur eine Veränderung in unserem Kopf aber nicht in unserem Herzen. Ein Pharisäer kann problemlos Doctrinianity annehmen, aber er wird nie in der Lage sein ein authentisches Christentum anzunehmen ohne einen echten Wandel im Herzen.

Auch wenn Katholiken und Arianer einen erbitterten Krieg gegeneinander begannen (sowohl verbal als auch physisch mit Schwertern), waren sie doch beide Anhänger derselben Religion:

Der Religion Dogmatum.

Durch ihre Handlungen, erwiesen beide Seiten dass sie völlig leer vom Geist Christi waren.

Und in ähnlicher Weise machte William Law, ein christlicher Autor aus dem 18. Jahrhundert folgende Beobachtung über Katholiken und Protestanten seiner Tage:

> *Katholiken und Protestanten haben einander gehasst, bekämpft, und einander getötet, aufgrund der verschiedenen Ansichten die sie*

*haben. Und doch waren sie allezeit in perfekter
Einheit und in perfekter Gemeinschaft miteinander wenn es um die Lust des Fleisches, die
Lust des Auges aber, und den Hochmut des
Lebens geht. Das ist, warum das Christentum das
voll von der schönsten Poesie und Sprüchen über
den Glauben, Gnade,Werke,Rechtfertigung, Verdienste, Häresien, Spaltungen und vielem mehr
ist, auch so voll ist von den bösen Tendenzen
welche über die heidnische Welt herrschten als
noch nichts von den Dingen Gottes überhaupt
gehört wurde.*34

William Law hätte die selben Dinge auch über
Katholiken und Arianer schreiben können.
Denn beide Seiten waren zum Dogmatismus bekehrt
worden. Auch wenn sie im Streit um die ewige Prä-
existenz des Sohnes waren, waren sie doch in bemerkenswerter Übereinstimmung und Gemeinschaft
wenn es um Bösartigkeit, völlige Ahnungslosigkeit
über das Reich Gottes, und den totalen Mangel göttlicher Frucht gehen.
Sowohl Katholiken als auch Arianer waren in vollständiger Übereinstimmung dass sie alles besser
wussten als die treuen Christen welche ihnen vorangegangen waren. Sie waren ein Herz und eine Seele in
dem Gedanken dass die Essenz des Christentums
Theologie sei, und nicht eine von Früchten/Gehorsam
geprägten Liebesbeziehung mit Christus.
Sie waren in vollständiger Übereinstimmung dass
Kirche und Staat eine Einheit bilden sollten, und das
es ihr Recht sei Häretiker zu verfolgen und ermorden.

Hundefleisch im Tausch für Kinder

Zur Mitte des vierten Jahrhunderts, als der große theologische Streit sich auf seiner Höhe befand , brachte ein Mann namens Wulfilas das Christentum (oder er das Dogmatum) zu den heidnischen Goten, einen germanischen Stamm der jenseits der Donau lebte.

Geschichtsbücher behaupten oft irrtümlicherweise das Wulfilas ein Arianaer war. Wir haben das Glaubensbekenntnis, welches Wulfilas den Goten brachte, und es ist gewiss nicht arianisch. Das Problem ist dass Athanasius der große Verteidiger von Nicäa, jeden der sich nicht zum nicänisches Bekenntnis bekennen wollte als Arianer abstempelte, selbst wenn diese überhaupt keine Verbindung zu Arius hatte. Die Wahrheit ist dass Wufilas noch Zehntausende andere wie er weder Arianer noch Nicäner waren, sondern zu einem unabhängigen Verständnis von Christi Natur hielten.

Am Ende macht das jedoch keinen Unterschied da die Religion die nahezu fast jeder im vierten Jahrhundert als Christentum praktizierte in Wahrheit Dogmatum war.

Und die folgenden Ereignisse zeigen das deutlich.

Im Sommer und Herbst des Jahres 376, sammelten sich Zehntausende von heimatlos gewordenen christlichen Goten und anderen Stämmen an den Ufern der Donau in ihrer großen Not. Die Armeen der Hunnen hatten ihre Länder verwüstet und 10.000 abgeschlachtet. Sie fragten ihre christlichen Brüder, die Römer, um Erlaubnis die Donau zu überqueren und sich innerhalb der Grenzen des römischen Reiches niederzulassen. Die Hunnen hatten keine Boote mit denen sie die Verfolgung über den Fluss hätten aufnehmen können.

Der römische Imperator Valens erlaubte ihnen sich innerhalb des römischen Reiches niederzulassen wenn sie als Konföderierte der Römer dienen würden, dem die Goten zustimmten. Der Imperator versprach den Goten, Farmland, und Nahrung und Schutz. Doch die römischen Kommandanten, die die Emigration der Goten die in das römische Reich einwanderten beaufsichtigen sollten, und die ebenfalls bekennende Christin waren, wollten nicht die Schwachen, Alten und Kranken über die Donau lassen.

Stattdessen wurden diese hilflosen Menschen zurückgelassen um zu sterben oder von den Hunnen abgeschlachtet zu werden.

Und entgegen ihrem Versprechen, haben die christlichen Römer den christlichen Gotem weder ausreichend Nahrung noch annehmbares Land um ihr eigenes Essen anzubauen. Innerhalb kürzester Zeit, standen die Goten vor dem Hungertod. Und anstatt ihnen zu helfen, trieben die Römer die Goten in einer provisorischen Internierungszone zusammen, in der sie von den römischen Armee in umzingelt waren.

Und da es nur genügend Nahrung gab um die römischen Legionäre zu speisen, zwangen die Römer in herzloser Weise die Goten zwischen zwei grausamen Alternativen zu wählen.

Entweder könnten sie verhungern oder ihre Kinder imTausch für Hundefleisch als Sklaven an die Römer verkaufen.

Als noch weitere verräterische Ereignisse geschehen, probten die Goten in ihrer Verzweiflung den Aufstandgegen die "christlichen" Römer. Bei der Schlacht von Adrianopel im Jahr 378 nach Christus, schlugen die Goten ihre römischen Peiniger vernichtend und töteten Kaiser Valens zusammen mit dem Großteil seiner Armee.

Nach diesem Sieg, durchzogen die Goten willkürlich römische Landstriche, plünderten Städte, Dörfer und Farmen.

Auch wenn diese Goten später einen zeitweiligen Friedensvertrag mit den Römern aushandelten, sollten es am Ende die restlichen Goten sein die Rom demontierten. Ja, die sogenannten Barbaren stürzten das römische Reich und waren nahezu alle christliche Bekenner. Zu dieser Zeit machte es nur einen geringen Unterschied ob jemand katholisch, arianisch, oder irgendwas in der Mitte war. Die Religion der sie alle anhängen war das Dogmatum jener Religion mit einem großen Fokus auf Kopfwissen, aber wenig Fokus auf den innewohnenden Christus.
Du kannst sie nennen wie du willst, aber bitte nenne sienicht Nachfolger Christi. Seine Nachfolger lassen die Kranken und Alten nicht sterben. Sie zwingen nicht andere, ihre Kinder für Hunde Fleisch zu verkaufen.
Und auch wenn ich durchaus Sympathie für die Goten habe, muss ich auch sagen dass Nachfolger Jesu es ihren Unterdrückern nicht heimzahlen indem sie sie abschlachten und ausplündern.

15 Luther:
Theologe im Schafspelz

Heutzutage glauben viele Christen fälschlicherweise dass die Reformation der ganzen Sauerei ein Ende gemacht habe. Sie denken die Reformation brachte die Rückkehr zum echten Christentum. Aber tatsächlich ersetzte die Reformation das alte *"Dogmatum"* nur durch ein neues.

Martin Luther war komplett blind für die wahre Seuche, die die Kirche infiziert hat. Luther dachte das Problem wäre nur eine falsche Theologie. Er dachte dass wenn er die falsche Theologie durch eine richtige ersetzen würde, könnte er das Christentum dahin zurückbringen wo es angefangen hat. Und er dachte das apostolische Christentum würde automatisch durch das annehmen seiner neuen Lehren wiederhergestellt werden.

Als Resultat, war die Reformation lediglich eine Schlacht zwischen der alten Theologie und der neuen Theologie.

Weder die Katholiken noch die Reformierten lehrten ein Christentum das geheiligte Früchte verlangt. Beide huldigten vor dem Altar des *"Dogmatums"*.

Der englische Prediger William Law beschreibt das Christentum welches sich auf Theologie voll fixiert so:

> *Der, der seinen Fokus allein auf endlose theo-*
> *logische Streitigkeiten und Meinungen über bibli-*
> *sche Themen von Glaube, Rechtfertigung, Heili-*

gung, Erwählung, Verwerfung hält, entfernt sich von der Anbetung des wahren Gottes der in ihm lebt. Tatsächlich, baut er neue Götzen durch Ideen die dann angebetet werden... Ich glaube dass jede Gruppe von Christen deren Religion auf diesem Grund steht, egal wie leidenschaftlich ihr Eifer in diesen Dingen sein mag, früher oder später das Übel erkennen wird und die und göttliche Natur die die Grundlage davon ist. Sie werden bald erkennen welch ein selbstsüchtiger, irdischer und anmaßender Stolz ihren eigenen Definitionen und Dogmen beigemischt wurde.[34]

Die Arroganz des Martin Luther

William Law's Aussage, was mit jemandem passiert der seinen Glauben in theologische Gefechte legt, findet ihren Beweiß im Leben von Martin Luther. Er war zweifelsohne voll von *"selbstsüchtigem, irdischem und anmaßendem Stolz"* auf seine eigenen *"Definitionen und Dogmen"*.

Luther griff sofort jeden an, ob antik oder gegenwärtig, der seiner neuen Lehre von billiger Gnade entgegestand.
Nicht nur das, in arroganter Weise verunglimpfte er sogar die Heilige Schrift wenn sie es wagte ihm zu widersprechen! So nannte etwa den Jakobusbrief *"eine strohene Epistel "*.[35] und den Brief an die Hebräer, bezeichnete er immerhin als Lehre in die sich *"vielleicht etwas Holz, Stroh oder Heu mit untergemenget"*[36] hätte, und *"man sie den apostolischen Briefen nicht in allen Dingen gleichstellen soll."*

Wie die meisten Christen wissen, war eine von Luthers Hauptlehren dass wir aus Glauben alleine gerettet werden. Doch die Heilige Schrift macht nirgendwo ausdrücklich diese Aussage. Also nahm Luther es in die eigene Hand das Wort " allein " in die Bibel einzufügen.

Im Brief an die Römer schrieb Paulus:

> So kommen wir nun zu dem Schluss, dass der Mensch durch den Glauben gerechtfertigt wird, ohne Werke des Gesetzes. *Römer 3:28*

Aber damit war Luther nicht zufrieden also änderte er die Bibelstelle so dass sie sich bei ihm so liest:

> So halten wir nun dafür, daß der Mensch gerecht werde ohne des Gesetzes Werke, allein durch den Glauben. *Lutherbibel 1545*

Und als die Katholiken auf seine Tat hinwiesen, weigerte sich Luther zu zugeben dass er die Grenze überschritten hatte. Stattdessen wischte er auf arrogante Weise die Kritik in einem öffentlichen Brief vom Tisch:

> "Und auf dass ich wieder zur Sache komme:
> Wenn Euer Katholik sich sehr unnütz machen will mit dem Wort »sola« = »allein«, so sagt ihm flugs so: Doktor Martinus Luther wills so haben, und sagt: Katholik und Esel sei dasselbe. Denn wir wollen nicht der Katholiken Schüler noch Jünger, sondern ihre Meister und Richter sein, wollen auch einmal stolz sein und prahlen mit den Esels-

köpfen. Und wie Paulus wider seine tollen Heiligen sich rühmet (2. Kor. 11, 22 f.), so will ich mich auch wider diese meine Esel rühmen. Sie sind Doktoren? Ich auch. Sie sind gelehrt? Ich auch. Sie sind Prediger? Ich auch. Sie sind Theologen? Ich auch. Sie sind Disputatoren? Ich auch. Sie sind Philosophen? Ich auch. Sie sind Dialektiker? Ich auch. Sie halten Vorlesungen? Ich auch. Sie schreiben Bücher? Ich auch.

Ich will weiter rühmen: Ich kann Psalmen und Propheten auslegen; das können sie nicht. Ich kann übersetzen; das können sie nicht. Ich kann die heilige Schrift lesen; das können sie nicht.
Ich kann beten; das können sie nicht. Und dass ich mich zu ihnen herablasse: ich kann ihre eigene Dialektik und Philosophie besser, als sie selbst allesamt, und weiß dazu fürwahr, dass ihrer keiner ihren Aristoteles verstehet. Und ist einer unter ihnen allen, der ein Prooemium oder Kapitel im Aristoteles recht verstehet, so will ich mich prellen lassen. Ich rede jetzt nicht zuviel; denn ich bin in all ihrer Kunst erzogen und erfahren von Jugend auf, weiß sehr wohl, wie tief und weit sie ist. Ebenso wissen sie auch gut, dass ichs alles weiß und kann, was sie können.
Dennoch handeln die heillosen Leute gegen mich, als wäre ich ein Gast in ihrer Kunst, der allererst heute morgen gekommen wäre, und noch nie weder gesehen noch gehört hätte, was sie lehren oder können. So gar herrlich prangensie herein mit ihrer Kunst und lehren mich, was ich vor zwanzig Jahren an den Schuhen zerrissen habe, dass ich auch mit jener Dirne auf all ihr Plärren

und Schreien singen muss: Ich habs (schon) vor
sieben Jahren gewusst, dass Hufnägel Eisen sind.
Das sei auf Eure erste Frage geantwortet. Und ich
bitte Euch: wollet solchen Eseln ja nicht anders
noch mehr antworten auf ihr unnützes Geplärre
vom Wort »sola«, als so viel: Luther wills so haben
und sagt, er sei ein Doktor über alle Doktoren im
ganzen Papsttum. Da solls bei bleiben, ich will sie
hinfort schlechterdings verachten und verachtet
haben, solange sie solche Leute (ich wollt sagen
Esel) sind. Denn es sind solche unverschämte
Tröpfe unter ihnen, die auch ihre eigene, der
Sophisten, Kunst nie gelernt haben, wie Doktor
Schmied und Doktor Rotzlöffel und seines-
gleichen..."[37]

Wir sehen,ein wahrhaft demütiger Mann!

Christus ermorden

Luthers Eifer war kein Eifer für das Reich Gottes.
Vielmehr war es ein Eifer für Dogmen - seine
Dogmen.

William Law stellte klar:

> *Ein Eifer der allein auf Dogmen basiert kann für*
> *Christen nur das tun was sie schon für die Juden*
> *taten: Zum Mord an der Person und an den*
> *Interessen Christi führen.*[38]

Und das ist genau das was Luthers Eifer tat: Mord an
der Person Christi.
Luther hatte nie die Gelegenheit Christus selbst zu
ermorden. Aber er Tat die nächstschlimme Sache.

Er ermordete die Brüder Christi, die Bürger des Reiches
Gottes seiner Tage. Und Jesus sagt:

> Und der König wird ihnen antworten und sagen:
> Wahrlich, ich sage euch: Was ihr einem dieser
> meiner geringsten Brüder getan habt, das habt
> ihr mir getan! *Matthäus 25:40*

Innerhalb der ersten Jahre nach Luthers Machtaufstieg, wies eine wachsende Gruppe von ehrlichen Christen die Bürger des Reiches Gottes waren Luthers Evangelium der billigen Gnade zurück. Der Grund dafür ist dass sie in der Schrift selbst lesen konnten das Christus von uns eine von Gehorsam geprägte Liebesbeziehung im Glauben erwartet, wenn wir seine Jünger sein wollen.
Diese Christen lehrten das wahre Nachfolger Christi Kinder des Reichs sein müssen, die nach Jesu Geboten Leben - und das nicht nur mit Lippenbekenntnisse sondern auch durch Taten. Als Jünger Christi muss man ihm folgen und echte Früchte produzieren.[39]
Weil sie jene Gläubigen tauften die ihnen beitraten, nannte Luther und andere sie Anabaptisten oder Wiedertäufer.
Der respektiert Kirchenhistoriker, Roland Bainton schreibt über die Anabaptisten:

> Sie forderten die Lebensphilosophie der
> gesamten Gesellschaft heraus. Wären sie zu viele
> geworden, wären die Protestanten nicht mehr in
> der Lage gewesen gegen die Katholiken die
> Waffen zu erheben. Und die Deutschen hätten
> nicht weiter den Türken wiederstehen können.

Und die Anabaptisten wurden zahlreich.
Sie waren an der Gesellschaft als Ganzes
verzweifelt, aber sie sie gaben die Hoffnung
nicht auf neue Konvertiten für ihren Weg zu
*gewinnen.*40

Die gewöhnlichen Leute konnten sehen dass die
Heilige Schrift nicht das Martin Luthers Evangelium
der billigen Gnade lehrt, und sie hielten sich zu den
Taufgesinnten. Wenn die Mehrheit der Menschen die
freie Wahl gehabt hätte, hätte wohl ein noch
größerer Teil Martin Luthers Interpretation der
Heiligen Schrift zurückgewiesen und sich dem
historischen Glauben zugewandt. Das bedeutet sie
hätten die Notwendigkeit gesehen eine von
Früchten / Gehorsam geprägte Liebesbeziehung zu
Jesus Christus zu bewahren.

Weiter schreibt Dr. Bainton:

"In manchen Tälern der Schweiz und der Rhein-
ebene, übertrafen die Taufgesinnten sowohl die
Katholiken als auch die Protestanten zahlen-
mäßig. Wäre also das zahlenmäßige Wachstum
der Menschen mit solchen Ansichten nicht eine
viel größere Gefahr für die öffentliche Sicherheit
gewesen als die Stadtmauern einzureißen? 1529
wurde vom Reichstag zu Speyer beschlossen dass
die Wiedertäufer mit dem Tod bestraft werden
sollten. Dabei waren Katholiken und Protestanten
einer Meinung.

Menno Simons einer ihrer späteren Führer sagte
über den Ausgang: „Etliche hängten sie anGalgen,
etliche peinigten sie mit unmenschlicher Tyran-
nei, darnach erwürgten sie sie mit Stricken an
Pfosten und Säulen; etliche brieten und ver-
brannten sie lebendig; etliche, mit ihrem eigenen

Eingeweide in ihren Händen, sprachen noch
kraftvoll von dem Wort des Herrn; etliche rich-
teten sie mit dem Schwert und gaben ihre
Leichname den Vögeln des Himmels zu einer
Speise; etliche warfen sie den Fischen zu;" 41

Mit anderen Worten, weder Luther noch der Papst
waren bereit für Christen die begannen Christus in
ihrem Leben nachzufolgen und nach seinen Geboten
zu leben. Sie fürchteten echte Jüngerschaft so sehr
wie sie die Türken fürchteten. Sie fürchteten die
Kinder des Reiches Gottes so sehr wie die heidnischen
Römer diese gefürchtet haben. Und wie die Antwort
der heidnischen Römer, war ihre einzige Antwort
dass sie die Kinder des Reiches Gottes ermorden
wollten bevor sie noch stärker werden.

Aber es waren nicht nur die Taufgesinnten welche
Luther hasste. Er war unwillig irgendeine Abwei-
chung von seiner Lehre zu erlauben. Luther sah dass
zu viele Leute sein selbst erdachtes Evangelium ablehnten, und sich stattdessen dem Evangelium Jesu
zuwendeten. Und wie die Theologin vor ihm, entschied Luther diesen Widerspruch durch die be-
waffnete Macht des Staates zum Schweigen zu bringen. Denn schließlich war die lutherische Kirche nun
die Staatskirche in den meisten Teilen des nördlichen
Deutschlands.

Luther sagte den deutschen Herrschern:

Darum ist ohne Zweifel die Obrigkeit schuldig,
diese Artikel als aufrührisch zu wehren. Und soll
die Halsstarrigen, es sind Wiedertäufer oder
andere, welche solche Artikel, einen oder mehr
halten, mit leiblicher Gewalt und nach Gelegen-
heit der Umstände, auch mit dem Schwert
strafen....Solche Irrtümer sind aufrührisch und

sollen mit Ernst gewehret werden.
Zum anderen haben die Wiedertäufer Artikel die
geistliche Sachen anbelangen als die Kindertaufe,
Erbsünde, Erleuchtung außer und wider Gottes
Wort.... Denn welche Zerrüttung sollte folgen, so
man die Kinder nicht taufen
sollte."[42]

Und Luther beschwerte sich weiter:

"Über das sondern sich die Wiedertäufer von der
Kirche, auch an den Orten, da reine christliche
Lehre ist und da die Mißbräuche und Abgötterei
abgetan sind und richten ein eigenes
Ministerium, Kirche und Versammlung ari,
welches auch wider Gottes Befehl ist...Aus diesem
allem ist nun klar, daß weltliche Obrigkeit
schuldig ist. Gotteslästerung, falsche Lehre.
Ketzereien zu wehren und die Anhänger am Leib
zu strafen....Denn es ist nicht Zweifei, im selbigen
Fall sollen die Halsstarrigen als aufrührisch
gestraft werden. Wo aber jemand allein Artikel
hätte von geistlichen Sachen als von Kindertaufe,
Erbsünde und unnötiger Sonderung, dieweil diese
Artikel auch wichtig sind, denn es ist nicht wenig
daran gelegen die Kinder aus der Christenheit zu
werfen und in einen ungewissen Stand zu setzen,
ja zur Verdammnis zu bringen, item zwei Völker
unter uns selbst anzurichten, Getaufte und
Ungetaufte. Dieweil man doch sieht und greift,
daß grobe, falsche Artikel in der Wiedertäufer
Sekte sind, schließen wir, daß in diesem Fall die
Halsstarrigen auch mögen getötet werden."[43]

Und in derselben Weise redet er weiter in seiner
"Schrift Der 82. Psalm durch D.M.L geschrieben
und ausgelegt Anno 1530"

"Zum andern, wo etliche wollten lehren wider einen öffentlichen Artikel des Glaubens, der klärlich in der Schrift gegründet und in aller Welt geglaubt ist von der ganzen Christenheit, gleichwie die, so man die Kinder lehret im Credo, als wo jemand lehren wollte, daß Christus nicht Gott sei, sondern ein schlechter Mensch und gleichwie ein ander Prophet wie die Türken und Wiedertäufer halten, die soll man auch nicht leiden, sondern als die öffentlichen Lästerer strafen. Denn sie sind auch nicht schlecht allein Ketzer, sondern öffentliche Lästerer...Moses in seinem Gesetz gebietet auch, solche Lästerer, ja alle falschen Lehrer zu steinigen. Also soll man hier auch nicht viel Disputierens machen, sondern auch unverhort undunverantwortet verdammen solch öffentliche Lästerung..." 44

Es war einfach nur falsch, dass die Anabaptisten lehrten dass Christus nur ein gewöhnlicher Mann und nicht wirklich göttlicher Natur oder göttlichen Wesens sei, und damit die Trinität leugnen.
Unter Luthers Doktrin jedoch war es ihnen nicht erlaubt sich selbst zu verteidigen oder überhaupt eine Anhörung zu fordern. Herrscher sollten sie gefangen nehmen und sie hinrichten. Aber es war nicht wirklich die Anabaptisten die sie zu Tode brachten- es war Christus den sie umzubringen versuchten.

16 Wie sich die Theologen eingegraben haben

Wir müssen uns im Klaren sein dass die reformierte Theologie nicht die dominante Theologie unter den Nicht-Katholiken wurde weil sie siegreich auf dem freien Markt der Ideen war. Nein, die reformierte Theologie wurde die dominante Theologie weil sie vom starken Arm des Staates gestützt wurde.

Die Theologen der Reformation und ihrer Staatskirchen kontrollierten die Übersetzung und den Druck von Bibeln und anderen christlichen Werken in protestantischen Ländern. Außerdem war es in all diesen Ländern niemandem gestattet ohne Lizenz zu predigen.

Jene die sich den Landeskirchen widersetzten, wurden des Landes verwiesen, ins Gefängnis gesteckt, oder hingerichtet.

Und so waren die Reformierten Staaten, nahezu alle die anderer Meinung als die Reformatoren waren durch Tod, Folter und Gefängnis zum Schweigen gebracht worden.So wie Luther proklamiert:

> *Was ich aber sage von den öffentlichen Predigten, das sage ich viel mehr von Winkelpredigten und heimlichen Zeremonien, denn dieselbigen sind aller Dinge nicht zu leiden....Und soll Ihm auch bei Leib und Seel niemand zuhören, sondern ansagen und melden seinem Pfarrherrn oder Obrigkeit.* [45]

Indem sie die bürger des Reiches Gottes zum Schweigen bringen wollten, stellten die Reformatoren sicher dass ihre eigene Interpretation der Heiligen Schrift die nicht-katholische Welt beherrschen würde. Und sie benutzten drei Methoden, um ihre Ansichten so fest ein zu graben oder zu verankern, dass sie die nicht katholische Welt dominieren würden-Und das nicht nur in ihren Tagen sondern auch in allen Generationen die Folgen. Diese drei Methoden waren.

(1) Studienbibeln
(2) dogmatische Lehrbücher
(3) Bibelkommentare

Studienbibeln

Die katholischen Theologen versperrten den Weg in das Reich Gottes indem sie dafür sorgten dass die Bibel lateinisch blieb, eine Sprache die die gewöhnlichen Menschen des Mittelalters nicht mehr verstehen konnten. Luther gab den Menschen die Bibel in ihrer eigenen Sprache, aber er hinderte sie effektiv am Eingang in das Reich Gottes indem er versuchte zu kontrollieren wie die Leute die Schrift verstanden. Es wäre schlimm genug gewesen wenn Luthers einzige Sünde gewesen wäre, eigenmächtig ein Wort der Heiligen Schrift hinzuzufügen damit diese zu seiner Theologie passt wie ich schon vorher gesagt habe. Aber er tat etwas noch schlimmeres.
Luther besaß die Frechheit seinen eigenen menschlichen Kommentar direkt auf die Seiten von Gottes Wort zu setzen. Selbst die jüdischen Theologen hatte nicht solch eine Dreistigkeit besessen!
Luther verunglimpfte verschiedene Bücher der Bibel welche seiner neuen Theologie widersprachen.

Er sagte den Menschen in seinem Vorwort zum Neuen Testament was *"das echte"* oder *"den Kern des Evangeliums"* sei bevor sie überhaupt das erste Wort des Neuen Testamentes gelesen haben.

Er würdigte die Bücher der Bibel herab, die seine Theologie als offensichtlich falsch überführten indem er sagte:

> *Aus diesem allen kannst du nun recht über alle Bücher urteilen und unterscheiden, welches die besten sind. Denn das Evangelium des Johannes und die Briefe des Paulus, insbesondere der an die Römer, und der erste Brief des Petrus sind nämlich der rechte Kern und das Mark unter allen Büchern, welche auch billig die ersten sein sollten. Und einem jeglichen Christen wäre zu raten, daß er dieselben am ersten und allermeisten lese und sich durch täglich Lesen so vertraut machte wie das tägliche Brot ... Weil nun Johannes gar wenig Werke von Christus, aber gar viele seiner Predigten beschreibt, umgekehrt die andern drei Evangelisten aber viele seiner Werke und weniger seiner Worte beschreiben, ist das Evangelium des Johannes das einzige, schöne, rechte Hauptevangelium und den andern dreien weit, weit vorzuziehen und höher zu heben. Ebenso gehen auch des Paulus und Petrus Briefe weit den drei Evangelien des Matthäus, Markus und Lukas voran.*
>
> *In Summa: das Evangelium des Johannes und sein erster Brief, die Briefe des Paulus, insbesondere der an die Römer, Galater, Epheser und der erste Brief des Petrus, das sind die Bücher, die dir Christus zeigen und dich alles lehren, was dir zu wissen not und selig ist, ob du schon kein ander*

Buch und Lehre nimmer sehest noch hörest.
Darum ist der Jakobusbrief eine rechte stroherne
Epistel gegen sie; da er doch keine evangelische
Art an sich hat. Doch davon weiter in andern
Vorreden.[46]

17 Kommentare die Gottes Wort dämpfen

Eine von Calvins schärfsten Waffen um sein Glaubenssystem zu verbreiten, war seine Reihe von Bibelkommentaren.

Luther hatte das Vorbild dazu geliefert, als er seinen einflussreichen Kommentar über den Galaterbrief geschrieben hat. Calvin jedoch , schrieb einen über fast jedes Buch der Bibel und gab eine erklärung dazu, was er glaubte, dass eine jede Passage zu bedeuten habe. Doch ich seine Kommentare, war er in der Lage die Schrift passend zu seinem theologischen System zu machen. Er war der erste der eine ganze Reihe von Kommentaren schrieb, nachdem die Druckerpresse erfunden worden war. Als Resultat der Druckerpresse, verbreiteten sich seine Kommentare schnell und weit in der ganzen protestantischen Welt zu einem erschwinglichen Preis.

Nur um das klarzustellen, der durchschnittliche reformierte Christ hat nie einen von Calvins Kommentare gelesen. Aber die meisten evangelikalen Prediger seiner tage schon. Und als Folge davon, war oftmals dass was von evangelischen Kanzeln gepredigt wurde Calvins Gedanken, und nicht die von Jesus.

Tatsächlich hatte Calvin nämlich kein Problem damit Jesu Worte hinweg zu erklären, wenn sie nicht in sein christo-judaistisches System passten. Und als er dies tat, bediente er sich nicht selten Augustinus in Form von Plagiaten. So stammten z.b. seine Ausführungen zum Eide schwören direkt von Augustinus.

> *JESUS: Wiederum habt ihr gehört, dass zu den Alten gesagt ist: »Du sollst nicht falsch schwören; du sollst aber dem Herrn deine Schwüre halten«. Ich aber sage euch, dass ihr überhaupt nicht schwören sollt, weder bei dem Himmel, denn er ist Gottes Thron, noch bei der Erde, denn sie ist der Schemel seiner Füße, noch bei Jerusalem, denn sie ist die Stadt des großen Königs.* Matthäus 5:33-35

> *CALVIN: "Durch die Phrase, überhaupt nicht, sind viele fehlgeleitet worden, anzunehmen dass jede Art von schwören direkt von Christus verdammt wird. Einige gute Leute sind zu dieser extremen striktheit getrieben worden, weil sie die ungezügelte Lust zum schwören die in der Welt herrscht gesehen haben. Die anabaptisten, haben ebenfalls einigen Aufruhr auf der Grundlage verursacht, das Christus scheinbar keine Freiheit gibt zu irgendeinem Anlass zu schwören, weil er sagt: Ich aber sage euch, dass ihr überhaupt nicht schwören sollt...*

> *Christus lehrt uns, meiner Meinung nach, dass der Ursprung in der Bösartigkeit der Menschen liegt, dass sie gezwungen sind zu schwören. Denn undefined wenn die Ehrlichkeit unter den Menschen vorherrschen würde, wenn sie nicht unbeständig und heuchlerisch wären, würden sie die Einfachheit beibehalten, von der Natur vorgegeben wird. Und doch geht daraus nicht hervor dass es Unrecht ist zu schwören, wenn die Notwendigkeit es verlangt. Denn viele Dinge die in*

sich selbst richtig sind haben einen bösen Ursprung. [47]

Das natürlich Augustinus der hier redet, und nicht Jesus. Was ist damit die andere Wange ebenfalls hinzuhalten? Calvin entledigte sich auch dieser Lehre Christi.

> *JESUS: Ich aber sage euch: Ihr sollt dem Bösen nicht widerstehen; sondern wenn dich jemand auf deine rechte Backe schlägt, so biete ihm auch die andere dar;* Matthäus 5:39

> *CALVIN: Zweifelsohne, war es nicht Christi Absicht, sein Volk dazu anzuhalten die Bösartigkeit derer anzuspornen, die die starke Neigung haben andere zu verletzen. Und, wenn Sie die andere Wange ebenfalls enthalten sollte, was wäre dies anderes als eine solche Ermutigung dazu zu liefern. Es ist nicht das Werk eines guten und vernünftigen Kommentators sich an Silben aufzuhängen, sondern bei der Absicht des Sprechers festzuhalten.*
> *Und nichts ist weniger unordentlich für einen Jünger Christi, als die Zeit damit zu vergeuden, kleinlich mit Wörtern zu sein, wo doch klar erkennbar ist, was der Meister meint.* [48]

Ich verstehe. Wenn wir also Jesu Gebote wörtlich nehmen, sind wir *"kleinlich mit Wörtern"* und *"hängen uns an Silben auf"*.

Was ist damit unsere Feinde zu lieben? Calvin wischte auch diese lehre Jesu geschickt vom Tisch.

JESUS: Ihr habt gehört, dass gesagt ist: Du sollst deinen Nächsten lieben und deinen Feind hassen. Ich aber sage euch: Liebt eure Feinde, segnet, die euch fluchen, tut wohl denen, die euch hassen, und bittet für die, welche euch beleidigen und verfolgen[Matthäus 5:43-44]

CALVIN:"...wie ich bereits sagte, das offensichtlich, dass der Christus keine neuen Gesetze eingeführt hat, sondern die boshafte Kommentare der Schriftgelehrten korrigierte, durch welche die Reinheit des göttlichen Gesetzes korrumpiert wurde.[49]

Calvin umging also den radikalen Sinn von dem was Jesus darüber sagte unsere Feinde zu lieben. Calvin zu Folge, führte Jesus Christus nichts Neues ein. Mit anderen Worten weil Krieg unter dem Gesetz legitim war, war es auch für Christen legitim Krieg zu führen.

Copycat Kommentare

Auch wenn Calvin's Kommentare selbst extrem einflussreich waren, war ihr größter Einfluss vielleicht der den sie auf die meisten Bibelkommentare, hatten die nach ihnen geschrieben wurden.

Tatsächlich, sind viele der Kommentare die von der Zeit Calvins bis in die Moderne folgten, nichts anderes als eine Neuauflage von dem was Calvin sagte.

Nach Calvins Interpretation, spricht der erste Korinther 11 in der es um die Kopfbedeckung geht, davon, dass diese die öffentliche Anbetung betreffen würde .

Er schrieb:

> *Wie auch immer, es überflüssig erscheinen, dass*
> *Paulus den Frauen verbietet ohne Kopfbedeckung*
> *zu prophezeien, wo er ihnen doch anderswo*
> *vollständig verbietet in der Kirche zu sprechen.*
> *(1.Timotheus 2:12) daher undefined wäre es ihnen*
> *auch nicht gestattet zu prophezeien wenn sie ihr*
> *Haupt bedeckt haben, und daraus folgt, dass er*
> *hier grundlos für eine Bedeckung argumentiert.*
> *Es muss dazu gesagt werden, der Apostel, indem*
> *er das eine verdammt, das andere nicht*
> *empfiehlt. Denn wenn er sie dafür zurechtweist*
> *dass sie mit unbedeckt im Haupt prophezeien,*
> *gibt er nicht die Erlaubnis unter anderen*
> *Umständen prophetisch zu reden, sondern*
> *verschiebt seine Verurteilung auf eine andere*
> *Passage, nämlich in den 1. Korinther 14.*

Auch wenn Calvin diese Passage im Zusammenhang mit öffentlichen Versammlungen interpretiert, finden wir, wenn wir die besagte Bibelstelle betrachten (1. Kor. 11:1-16) überhaupt keine Erwähnung von öffentlichen Versammlungen. Die Passage dieser direkt vorangeht (1.Kor.10:23-33) hat überhaupt keinen Bezug zu öffentlichen Versammlungen. Und wie Calvin selbst feststellt, wäre es absurd für Paulus gewesen, den Frauen zu gebieten dass sie ihre Häupter nur dann bedecken sollen wenn sie in der Kirche prophezeien. Denn nur ein paar Seiten weiter sagt er ihnen:

> *Eure Frauen sollen in den Gemeinden schweigen;*
> *denn es ist ihnen nicht gestattet zu reden, son-*
> *dern sie sollen sich unterordnen, wie es auch das*
> *Gesetz sagt.* [1 Korinther 14:34]

Ungeachtet dessen, folgte seit dem nahezu jeder Kommentator Calvins Irrtum. Die Hervorhebungen in den folgenden Zitaten stammen von mir.

MATTHEW HENRY:

> *Etwas wie diesem, scheinen die Frauen der korinthischen Kirche schuldig gewesen zu sein, welche unter Inspiration sogar in ihren Versammlungen beteten und prophezeiten.*

JOHN GILL:

> *In diesem Kapitel, ermahnt der Apostel sowohl Männer als auch Frauen für ihr unanständiges Auftreten in öffentlichen Versammlungen.*

ADAM CLARKE:

> *Der Apostel ermahnt die Korinther für mehrere Abweichungen im Ablauf ihres öffentlichen Gottesdienstes; die Männer beteten oder prophezeiten mit bedeckten Häuptern, die Frauen mit unbedeckten Häuptern.*

ALBERT BARNES:

> *Im Bezug auf das erste, ist es wahrscheinlich, das einige der Frauen, welche unter hat der Annahme dass sie inspiriert waren, in der Kirche von Korinth gebetet und prophezeit haben, und dabei nach der Art der heidnischen Priesterinnen ihre Schleier abgelegt haben.*

CHARLES HODGE:

> *Nachdem er die eher privaten Missbräuche angesprochen hatte, welche unter den Korinthern herrschten, beginnt Paulus dieses Kapitel mit dem*

Bezug auf die Weise wie sie ihre öffentlichen Gottesdienste durchführten.

JAMIESON, FAUSSET AND BROWN:
1 Cor. 11:1–34. Tadel für Unordnung in ihren Versammlungen.

PEOPLE'S NEW TESTAMENT:
Kleidung und Verhalten in der Kirche. Zusammenfassung- Männer sollen in der Kirche mit unbedeckten Häuptern beten. Frauen verschleiert.

Auch wenn die Textstelle nichts über öffentliche Gottesdienste sagt, und auch wenn es absurd ist, diese Bibelstelle rein auf öffentliche Versammlungen zu beziehen (weil dies dem 1 Kor.14 widerspricht), folgte ein Großteil der Kommentatoren völlig unbedacht Calvins Irrtum. Dies ist wirklich ein Fall von blinden Bindenleitern.

Dies ist nur ein mögliches Beispiel. In Kapitel 20, werden wir noch einige weitere Beispiele solcher " Copycat- Kommentatoren" betrachten. So sind es am Ende tote Theologen, Augustinus, Calvin und Luther, die die Kirche aus ihren Gräbern heraus regieren.

18 Lerne gegen theologische Mobber aufzustehen

Wir alle wissen was ein Mobber ist. Diese Leute misshandeln oder verletzen andere, um Macht über sie auszuüben, dich zu fühlen, oder sich ihnen in den Weg zu stellen. Mobbing ist etwas, dass - entweder sozial oder physisch-Stärkere, an ihren schwächeren Opfern verüben.Eine Enzyklopädie definiert Mobbing wie folgt:

> - Das Verhalten ist aggressiv oder negativ.
> - Das Verhalten wird wiederholt ausgeübt.
> - Das Verhalten, geschieht in einer Beziehung in welcher ein Ungleichgewicht zwischen den beiden Parteien herrscht.
> - Das Verhalten geschieht mit Vorsatz.[50]

Auch wenn Mobbing oftmals körperliche Gewalt beinhaltet, lässt es sich auch durch nicht physische Techniken ausüben, etwa durch Schmähnamen, das Verbreiten von Gerüchten, Ächtung,Lächerlich machen, oder mit dem Opfer bis zur Unterordnung zu diskutieren.

Ein Autor beschreibt Erwachsene Mobber als Leute die

> "im Besitz ausserordentlicher verbaler Fähigkeiten sind, und die meisten Leute durch ihre verbale Interaktion ins Aus manövrieren können, besonders in Konflikten. Sie sind von sich

selbst überzeugt, und zeigen Arroganz, Dreistigkeit und einen ausserordentlichen Anspruch im Recht zu sein, sowie das Gefühl von Unverwundbarkeit und Unberührbarkeit. Ein Mobber ist ein Kontrollfreak und hat das zwanghafte Verlangen jeden und alles was sein Gegenüber sagt, denkt und glaubt zu kontrollieren. So wird er z.B. sofort eine persönliche Attacke starten, und dir Redeverbot erteilen wollen, wenn du beginnst über etwas mit Sachkunde zu reden, wo er das Gefühl hat dass er die alleinige Deutungshoheit hat."[51]

Wenn ich es nicht besser wüsste,würde ich denken, dass dieser Autor uns eine Beschreibung von Martin Luther gegeben hat.

Theologische Mobber

Von Natur aus, tendieren Theologen dazu Mobber zu sein. Die Schriftgelehrten und Pharisäer waren es auf jeden Fall. Sie benutzten alle klassische Methoden des Mobbings.

-Sie entwürdigten jene die andere Meinung waren als sie, und so gehen sie ins Lächerliche. So zum Beispiel, als die religiösen Leiter die Offiziere die Jesus hätten festnehmen sollen für ihr Versagen angingen:

> *Da antworteten ihnen die Pharisäer: Seid auch ihr verführt worden? Glaubt auch einer von den Obersten oder von den Pharisäern an ihn? Aber dieser Pöbel, der das Gesetz nicht kennt, der ist unter dem Fluch!*[Johannes 7:47-49]

-Sie nutzen soziale Ausgrenzung, wenn jene die ihnen in die Quere kamen aus den Synagogen.

-Sie schreckten auch vor körperlicher Gewalt nicht zurück, warfen auch die Apostel und andere Christen ins Gefängnis, ermordeten Jesus und treue Nachfolger wie Stephanus.

Leider, haben christliche Theologen noch ein viel längeres Sündenregister, als die Schriftgelehrten und Pharisäer. Sie waren noch viel mehr involviert in Mord und Folterkammern als ihre jüdischen Vorgänger. Der berühmte Verteidiger des Konzils von Nicäa, Athanasios, wies den Weg für alle die ihm folgen sollten. Er malte seine religiösen Gegner, von denen die meisten in Wahrheit gar keine Arianer waren, als die schlimmsten und bösartigsten Personen aus, die man sich nur vorstellen kann. Mit Freude rief er die ewige Verdammnis über diese Leute aus. Von ganzem Herzen stand er hinter den urteilen diese Menschen ins Exil zu verbannen, und er erhob nie seine Stimme wenn jemand zum Tode verurteilt wurde, weil er Schriften von Arius versteckt hielt.

Nach Athanasius, wurde das Mobbing noch viel schlimmer. Die katholische und orthodoxe Kirche verfolgten standardmäßig jeden, der die Lehre der Kirche an zweifelte. Während des Mittelalters, wurden echte Kinder des Reiches Gottes oft eingesperrt, gefoltert und ermordet, und das nur weil sie Jesus im Leben nachfolgen wollten.

Die Reformierten stellten schnell und der Beweis, dass sie genau solche Mobber sein konnten wie die

Katholiken. Sowohl Luther als auch Calvin waren absolute Kontrollfreaks und Mobber. Sie gaben sich die Hand mit den Katholiken, wenn es darum ging Christen die echte Bürger des Reiches Gottes waren, wie die Täufer, zu verunglimpfen und zu verleumdnen, und sie auszurotten wo sie nur konnten.

Bürger des Reiches Gottes die zu Opfern wurden

Viele der Christen die wahre Bürger des Reiches Gottes waren, und es wagten den Reformatoren ins Angesicht zu widerstehen, wurden ermordet oder in Kerkern eingesperrt. Jene die überlebten wurden zur Unterordnung gezwungen. Sie wurden in entlegene Bergregionen oder entlegene Ecken Europas vertrieben. Solchen Bürgern des Reiches Gottes wurde nur erlaubt in einer bestimmten Region zu leben, wenn Sie sich an die Bedingung hielten sich still zu verhalten und ihren Glauben mit niemandem zu teilen.
Dadurch, wurden sie schlussendlich die "Stillen im Lande".

Als die Jahrhunderte vergingen, erhielten die Kinder des Reiches Gottes endlich Religionsfreiheit. Doch die Auswirkungen und Traumata durch das bösartige Mobbing der Katholiken und Reformierten wirken bis heute nach.

Am Ende, haben die theologischen Mobber zum größten Teil ihren Willen bekommen. Meine Beobachtung ist, dass wir viele von uns "Kingdom Christians" schwach sind wenn es um Evangelisation geht. Das liegt daran, dass es sich in unser kollektives

Gedächtnis eingebrannt hat, die Stillen im Lande zu sein. Auch haben wir viele Lehren unserer Vorväter rausgeworfen und sie durch die Lehre derjenigen ersetzt die uns über Jahrhunderte verfolgt haben.

Wenn eine Person theologisches Lehrbuch heutiger Täufer, Pietisten, oder Tunker und anderer "Kingdom Christians" liest, wird er finden, dass sie viele die Lehren des Athanasius, Augustinus, Luther und Calvin lehren, lediglich mit dem Zusatz von Wehrlosigkeit, dem Freien Willen, und der Kopfbedeckung der Schwestern.

Viele heutige Bürger des Reiches Gottes bereiten Predigten und Bibelstunden vor, indem sie durch die Werke von Theologen steigen, also durch Bibelkommentare, theologische Lehrbücher, und beliebte theologische Schriften nutzen, um ihre Erkenntnisse zu gewinnen.
Wie jedoch können wir nur auf die Idee kommen, das jene, so wenig vom Reich Gottes verstehen, eine tiefere Einsicht in die Heilige Schrift haben?
Auf der einen Seite, lehnen wir richtigerweise theologische Seminare und höhere theologische Bildung ab. Doch auf der anderen Seite gehen wir genau zu diesen Leuten um tiefere Erkenntnisse für große Teile unserer Lehre zu gewinnen. Und dadurch lassen wir uns weiter von diesen Mobbern dominieren.

Hier muss ich an die Situation der Israeliten in den Tagen Samuels denken. Die Mobber dieser waren die Philister. Sie hielten die Israeliten in Unterordnung, indem sie den Israeliten das Schmiedehandwerk verboten(1 Sam. 13:19). Dadurch konnten die

Israeliten keine Schwerter und Speere produzieren, um gegen ihre Unterdrücker aufzustehen.

Die Israeliten mussten also vor den Philistern kriechen gehen, wenn sie Eisenwerkzeuge brauchten. Und genau wie diese antiken Israeliten, kriechen wir "Kingdom Christians" vor den Theologen um ihre Lehren und Kommentare zur Schrift. Und wir fürchten uns gegen diese Mobber aufzustehen.

Über Kommentare und Quantenoptik

Ein Freund sagte mir einmal: " *Das Problem ist, David, wenn ich das Neue Testament lese, Schwierigkeiten zu verstehen habe zu verstehen was es sagt. Wenn ich jedoch einen Kommentar lese, wird mir das was das Neue Testament sagt auf einmal klar.*"

Nun, den ersten Blick scheint das Sinn zu ergeben.

Wenn dir jemand eine Doktorarbeit über Quantenoptik reichen würde, denke ich dass du Schwierigkeiten hättest diese zu verstehen, es sei denn du hast einen Universitätsabschluss in Physik. Würde ich dir nun einen Zeile-um-Zeile-Kommentar zu dieser Doktorarbeit schreiben, um dir verständlich machen, was diese Doktorarbeit sagen will, auch wenn du überhaupt keine Vorbildung zum Thema Physik hast, wäre das doch großartig, oder?

Dabei gibt es nur ein einziges Problem: Ich habe genauso viel Ahnung von Quantenoptik wie du. Ich kann noch nicht mal den Begriff richtig definieren! Dass hieße jedoch nicht, dass meine Ahnungslosigkeit zu dem Thema, davon abhalten würde einen Kommentar dazu zu schreiben, der für jene die keine

Wissenschaftler sind verständlich erscheint.

Dieser Kommentar wäre dann zwar verständlich, aber praktisch wertlos, und niemand würde einen besseren Einblick in die Quantenoptik bekommen, als den, den er er jetzt schon hat.

Und mit Bibelkommentaren ist es genau dasselbe.

In der Theorie, ist die Idee eines Bibelkommentars noch nicht mal schlecht. Das Neue Testament war an die griechischsprachigen Christen adressiert, die im Mittelmeerraum zwischen dem Jahr 35 und 100 nach Christus lebten. Ich nun bin ein englisch sprechender Christ, in den Vereinigten Staaten des 21.Jahrhunderts lebt. Wäre es nicht großartig einen Bibelkommentar zu haben, der mir erlaubt das Neue Testament so zu lesen wie es von den Christen im Mittelmeerraum um das Jahr 100 nach Christus (also zu der Zeit als das Neue Testament vollständig wurde) gelesen wurde.

Leider, es keinen solchen Kommentar, der das tut. Noch nicht mal einen ernsthaften Versuch davon.

Gegen die Unterdrücker aufstehen

Als ich Anfang 20 war, hatte ich einen Teilzeitjob, dem ich Flugzettel zu Fuß verteilte. Eines Tages, ging ich auf dem Gehsteig, zu einem Haus an der Ecke. Ich bemerkte, dass der Vorgarten des Hauses einen Maschendrahtzaun hatte. Und als ich an der Seite des Hauses vorbeiging, entdeckte ich warum. Hinter dem Zaun war ein großer Hund. Der Hund schnappte und fletschte seine Zähne nach mir, und als ich an dem Zaun vorbei ging, und um die Ecke bog ich war mir sicher er Hund würde mich in Stücke reißen, wenn kein Zaun zwischen uns wäre.

Weil ich nicht hinter diesen Zaun gehen wollte, entschied ich mich dass ich das Flugblatt am Tor des Zaunes platzieren würde, und dann zum nächsten Haus weiter gehen. Aber als ich das vordere Tor erreichte, bekam ich fast einen Herzstillstand. Jemand hatte das Tor offen gelassen! Ich erstarrte vor Angst, als ich darauf wartet der von dem Hund zerfleischt zu werden. Aber als der Hund bemerkte dass das Tor offen war, blieb er wie angewurzelt stehen und schaute mich für ein paar Sekunden an. Dann begann er zu winseln und legte so schnell wie es nur ging den Rückwärtsgang ein. Bei seinem Versuch so schnell wie möglich weg zu kommen, will er um uns begann aus Leibeskräften zu jaulen. Wenn jemand zu Hause gewesen wäre, bin ich mir sicher, diese Person gedacht hätte dass ich gerade den Hund foltere.

Das Szenario war so lustig, ich mir nicht helfen konnte und lachte. *"Der typische Mobber",* dachte ich mir. Er war so mutig und kühn solange er einen Zaun zwischen uns sah, aber sobald er mir von Angesicht zu Angesicht gegenüber stand, war er ein jammernder Feigling.

Nicht länger Opfer sein

In vielen Fällen, haben die Opfer eines Mobbers nicht die Möglichkeit gegen ihre Peiniger aufzustehen, weil ein Unleichggewicht der Kräfte zwischen den beiden Parteien herrscht, und dieses zu groß ist um es zu überwinden. Heute jedoch, sind die Kinder des Reiches Gottes nicht mehr in dieser Situation.

Wir können gegen die theologischen Unterdrücker aufstehen.

Als dieser tollkühne Hund enttarnt wurde, stellte ich fest das hinter seiner großen Klappe nur heiße Luft stand. Es war alles nur ein Bluff. Und dasselbe gilt auch für die Theologen. Wenn wir den Mut haben, die großen theologischen "Helden des Glaubens" zu enttarnen, werden wir üblicherweise feststellen, dass die Männer sind die den Glauben korrupiert haben. Und gleichermaßen, werden wir wenn wir die heutigen Theologen enttarnen, üblicherweise feststellen dass sie inkompetente Betrüger sind.

Lass mich dir einige Beispiele von dieser unglaublichen Inkompetenz und Blindheit der heutigen Theologen geben.

19 Die Blindheit der Theologen entlarven

Wenn Christen heutzutage Hilfe beim Verständnis oder bei der Auslegung einer Bibelstelle suchen, wenden Sie sich meistens an Kommentare, Studienbibeln und andere Werke welche behaup-ten dass sie einen Einblick in das geben können, was die Bibel wirklich sagen würde.

Aber was qualifiziert solche Autoren, dass sie wissen können was Jesus und die Apostel "wirklich meinten"? Typischerweise, haben sie den Ruf dass sie „Experten" sind weil sie Hochschulabschlüsse in Theologie oder einem anderen biblischen

Studienfach haben. Mit anderen Worten, sie sind Teil der Klasse der "Weisen und Gelehrten", also der selben Klasse von der Jesus sagte, dass das Reich Gottes vor ihnen verborgen sei.

Bibelkommentar benutzen primär drei Methoden um den Eindruck zu erwecken sie hätten einen tieferen Einblick in die " wahre " Bedeutung der biblischen Schriften:

1) ihr Verständnis des Griechischen
2) ihre Kenntnis der historische Gegebenheiten während der neutestamentarische Nera,
3) ihre Vertrautheit mit dem historischen glauben.

Doch, in all diesen Bereichen, beweisen sie wiederholt ihre Blindheit. In diesem Kapitel, lass mich dir zeigen welch eine Blindheit bei vielen Theologen herrscht wenn es um die griechische Sprache geht.

Der Mythos der griechischen Sprache

Jeder der Bibel-Studienmaterialien liest oder eine typische Predigt zu dem Thema hört, dann dazu dem Eindruck gelangen, was die altgriechische Sprache eine Art " Supersprache " sei. Und dass sie bei weitem präziser wäre als das Englische oder Deutsche, mit einem sprachlichen Reichtum, der sich auf englisch oder deutsch gar nicht fassen lässt. Aber genau das Gegenteil ist der Fall. Vielmehr ist es so, dass sich im modernen Englisch oder Deutsch wesentlich präziser kommunizieren lässt als im Altgriechischen (oder einer anderen antiken Sprache).

Ein Grund dafür ist dass die Zahl der antiken griechischen Wörter nur ungefähr 3% oder noch weniger, des Wortschatzes des modernen Englisch oder Deutsch beträgt. Das antike Griechisch besteht aus nur ungefähr 20.000 Wörtern. ImGegensatz dazu,hat das Oxford English Dictionary ungefähr 600.000 Wörter. Doch selbst dieses, enthält nicht alle englischen Wörter welche in der Umgangssprache oder der populären Literatur enthalten sind. Einige Lexikographen sagen, dass die englische Sprache nun mehr als 1000000 einzigartige Wörter hat.[52] kaum eine andere Sprache, abgesehen vielleicht vom Deutschen, hat so ein reiches Vokabular wie die englische Sprache.

Dabei muss ich an eine Begebenheit denken, mir in der Schule passiert ist. Unsere Familie hatte immer ein knappes Budget, und so war die neue Schachtel von Wachsmalkreiden, die meine Eltern mir jedes Schuljahr neu kauften, die Grundausstattung mit 12 Farben. Und es war definitiv ausreichend um die Bilder zu malen die ich im Kunstunterricht malte. Jedoch hatten einige meiner Klassenkameraden Wachsmalkreidensets mit 32 Farben, andere sogar mit 64 Farben.

So enthielt meine Box von der Farbe Blau nur eine Wahl: Blau.
Meine Klassenkameraden jedoch mit den 64 Farben Sets, hatten nicht nur Blau, auch Himmelblau, Dunkelblau, Kornblumenblau, Preußisch-Blau, und andere Farbtöne. Dadurch konnten sie viele verschiedene Varianten von Blau in ihren Bildern verwenden, während meine Bilder auf einen Farbton

beschränkt waren.

Und ziemlich ähnlich ist es auch, wenn man das antike Griechisch, mit im heutigen Englisch oder Deutsch vergleicht.
Um das klarzustellen, Altgriechisch ist um einiges präziser als die meisten anderen antiken Sprachen, etwa Hebräisch. Aber das bedeutet nicht, dass sie in der Hinsicht an eine moderne Sprache wie das Englische rankommen. Das Problem mit dem neutestamentarischen Griechisch ist nicht, dass es so viel präziser wäre als Englisch, sondern, das ein Wort viel mehr Bedeutungen haben kann als im Englischen.

Zum Beispiel, das griechische Wort ANGELOS. Es hat die Grundbedeutung" *Botschafter* ". Doch, kann das Wort so wie es Christen und Juden benutzten, auch *"Engel"* bedeuten. Normalerweise können wir anhand des Kontextes erkennen, ob das Wort mit *"Botschafter"* oder *"Engel"* übersetzt werden muss.
Doch manchmal geht dies nicht so zweifelsfrei aus dem Kontext hervor. Und selbst die frühen Christen wussten nicht immer mit Gewissheit ob ein biblischer Autor von Engeln oder menschlichen Botschaftern sprach.

So ist zum Beispiel jedes der Sendschreiben an die sieben Kirchen in der Offenbarung an einen angelos dieser Kirchen adressiert. Also den Pastor, leitenden Ältesten, oder eine andere Person die als Ansprechpartner für die Kirche agierte oder doch ein Engelswesen? Wir wissen es einfach nicht.

Ein weiteres Beispiel ist das griechische Wort MARTYR. Die Grundbedeutung ist *"Zeuge"* Es ist wenig erstaunlich, dass dieses Wort auch Märtyrer bedeutet. Und meistens können wir aus dem Kontext er sehen, warum dieser Begriff dort verwendet wird. Manchmal jedoch, wie bei anderen Dingen, wissen wir es einfach nicht.

Lass mich dir einen weiteren Fall zeigen: Das griechische Wort DIATHEKE. So wie es im Neuen Testament meistens verwendet wird, bedeutet "Bund".

So z.b in Hebräer 8: 8 :

> *Denn er tadelt doch, indem er zu ihnen spricht: »Siehe, es kommen Tage, spricht der Herr, da ich mit dem Haus Israel und mit dem Haus Juda einen neuen Bund (diatheke) schließen werde;...*

Doch gleich im nächsten Kapitel sagt er:

> *Denn wo ein Testament ist, da muss notwendig der Tod dessen eintreten, der das Testament(diatheke) gemacht hat; denn ein Testament tritt auf den Todesfall hin in Kraft, da es keine Gültigkeit hat, solange derjenige lebt, der das Testament(diatheke) gemacht hat.Hebräer 9:16-17*

Das Wort diatheke kommt 21 Mal im Hebräerbrief vor. In 19 dieser Fälle bedeutet es Bund.

Doch in der Bibelstelle oben, ist offensichtlich, dass es letzter Wille oder Testament bedeutet.

Damit ein Bund oder Vertrag wirksam wird, ist es nicht nötig, dass einer der beiden Vertragspartner oder Bundesgenossen stirbt. Anders jedoch sieht es mit einem letzten Willen oder Testament aus.

Der Punkt ist also nicht die fülle des Wortes diatheke, sondern seine Mehrdeutigkeit. Während das Englische verschiedene Worte für Bund und Testament hat, hatte das Koinegriechisch nur eines für beide Begriffe.

Das Problem ist dass die meisten griechischen Wörter mehr als eine Bedeutung haben. Die meisten englischen Wörter haben auch mehr als nur eine Bedeutung. Aber im englischen haben wir meist eine Reihe von Synonymen durch welche wir unsere Aussage präzisieren können. Im antiken Griechisch war oftmals nur ein Wort verfügbar mit all seinen Bedeutungen.

Ferner, wurde im Altgriechischen ohne Punkt und Komma geschrieben. Es gab kein Punkt, kein Komma und auch Anführungszeichen oder Bindestriche fehlen völlig. Es ist also nicht schwer, zu verstehen, was für eine Verwirrung dadurch entstehen kann. Beim Vergleichen der verschiedenen Übersetzungen des Neuen Testamentes, habe ich festgestellt, dass die Übersetzer sich nicht immer unbedingt einig sind, wo sie Kommas einbetten sollen und wo sie ein Satzanfang oder Satzende setzen müssen. Das ist nicht die Schuld der Übersetzer; das ist wo die Grenzen des antiken Griechisch liegen.

Denke bitte nicht, dass ich die Griechischgelehrten niedermachen will. Ich bin diesen Übersetzern sehr dankbar, die uns ermöglicht haben, die Bibel auf Englisch oder Deutsch zu lesen, und auch den Gelehrten welche Griechisch-Wörterbücher und interlineare Übersetzungen geschaffen haben. Wir verdanken Ihnen viel. Und mein Verständnis des griechischen ist minimal, im Vergleich zu dem ihren.

Man kann die Situation also mit Medizinern vergleichen. Ihr Wissen über den menschlichen Körper und seine Erkrankungen ist überragend im Vergleich zu meinem. Das bedeutet jedoch nicht, dass ich alles was mein Arzt sagt, ohne es in Frage zu stellen, schlucken muss. Tatsächlich habe ich festgestellt dass die kompetentesten Ärzte nicht protestieren, wenn ich ihre Diagnose auf respektvolle Art und Weise hinterfrage. Ich habe festgestellt dass die Ärzte meistens richtig liegen, aber es gab auch schon Begebenheiten wo meine abweichende Meinung sich als richtig erwiesen hat.

Für gewöhnlich liegen Griechischgelehrte richtig. Aber das heißt nicht dass wir Ihre Meinung ungeprüft akzeptieren sollen. Ferner, habe ich festgestellt dass es selten die echten Griechischgelehrten sind sind, die behaupten dass altgriechisch fast schon eine magische Sprache sei, dass alle möglichen Dinge präziser ausdrücken könnte als dies im Englischen möglich sei. Es sind Kommentatoren und andere Theologen, die ein paar Semester Griechisch in ihren theologischen Hochschulen hatten und ihre begrenzten Griechischkenntnisse nutzen um andere zu dominieren.

Die Torheit der Bedeutungswurzel

Ich gehe jetzt einfach mal davon aus, dass wir alle schon mal eine Predigt gehört haben, bei Prediger aus der Heiligen Schrift lesen und dann sagen: "Der griechische Text sagt hier wortwörtlich..."
Der Prediger benutzt dann die "wörtliche Bedeutung" um die Passage zu reinterpretieren, so dass sie etwas ganz anderes sagt als wir in unserer Bibel lesen. Das Problem mit diesem Vorgehen ist, dass der Prediger dann nicht zwangsläufig sagt, was das Wort "wörtlich" bedeutet. Stattdessen greift er auf die Etymologie des Wortes zurück - also den Wortstamm oder die etymologische Wurzel.

Das Problem mit diesem Vorgehen ist dass die etymologische Wurzel üblicherweise wenig darüber aussagt was ein Wort zu der Zeit und unter deren Umständen bedeutete, als ein Text geschrieben wurde. Wir alle wissen instinktiv, dass dies im Deutschen oder Englischen so ist.

So gibt es in Texas große Öl- und Gasvorkommen. Daraus ergibt sich, dass Landbesitzer, wenn Sie Ihren Grund verkaufen, sich die " Öl- und Gasrechte" vorbehalten. Das bedeutet dass sie auch Eigentümer des Öls und der Förderrechte bleiben, nachdem das Grundstück verkauft wurde.
Und nun nehmen wir mal an John Doe hat seinen Grund an Bob Smith verkauft, und sich dabei die Öl- und Gasrechte reserviert. Nehmen wir an das Bob Smith einen Olivenhain auf seinem neuen Land pflanzt. Und nun nehmen wir an, dass als die Oliven erntereif sind, John Doe mit seinem Pickup ange-

fahren kommt und Bob verbietet die Oliven zu ernten, weil sie ihm gehören würden.

Bob sagt nun fassungslos:*"Wie kommst du auf die Idee dass dir meine Oliven gehören?"*
John sagt grinsend: *"Na weil ich mir die Öl-und Gasrechte reserviert habe. Und die wortwörtliche Bedeutung von Oil oder Öl ist " Olive ". Und daher stehen mir alle Oliven zu."*

Wenn so eine Sache nun vor Gericht gehen würde, was denkst du würde das Gericht dazu sagen? Zweifelsohne, würde John unter Gelächter aus dem Gerichtssaal gejagt werden.
Denn die Tatsache dass *"Olive"* der Wortstamm von *"Öl"* oder *"Oil"* ist, absolut keine Aussagekraft, wenn es um die alltägliche, heutige Bedeutung geht. Wenn also in Texas bei einem Landverkauf der Verkäufer sich die Öl- und Gasrechte gesichert hat, versteht steht jeder dass es hier um die Erdölvorkommen geht.

Und wir alle könnten die betrügerische Absicht erkennen, wenn jemand im Englischen oder Deutschen versuchen würde ein Dokument auf Basis der Etymologie oder der Bedeutungswurzel der verwendeten Wörter zu interpretieren. Und was im Englischen oder Deutschen eine Farce ist, wird nicht automatisch logisch nur weil wir ins Griechische wechseln.

Mein Wörterbuch definiert *"wörtlich"* als „*basiert auf den tatsächlichen wörtern in ihrer gewöhnlichen Bedeutung; nicht sinnbildlich oder symbolisch* "[53]

Die wortwörtliche Bedeutung eines Wortes ergibt sich also nicht aus seiner Etymologie, sondern aus der normalen Bedeutung im Kontext der Zeit in der etwas geschrieben oder gesagt wurde.

Seien wir ehrlich, die meisten Leute kennen nicht einmal die etymologische Wurzel der Wörter die sie benutzen. Ich schon mal nicht. Wusstest du dass unser Wort *"Gas"* vom griechischen Wort *"chaos"* kommt? Ich nicht. Ich war auch sehr erstaunt zu erfahren dass die etymologische Wurzel von *"employee"* (deutsch:Angestellter) *"to fold* (deutsch: falten) ist, und das die Bedeutungswurzel von *"coin"* (Münze) *" wedge"* (Ecke oder Spalt) ist. Die Liste ließe sich nahezu endlos fortsetzen. Wörter erfahren üblicherweise im Laufe der Zeit einen Bedeutungs-wandel. Und so ist die etymologische Wurzel eines Wortes irrelevant wenn es darum geht einen ge-schriebenen Text zu interpretieren. Es ist bestimmt ein interessantes Stück Allgemeinwissen, aber mehr auch nicht.
Und doch fahren Kommentatoren und Theologen fort, etymologische Wurzeln als Mittel der Bibelauslegung zu verwenden. Das ist unehrlich, unsachlich und verblendet- aber sie kommen damit durch.

Woher sollen wir nun wissen was ein Wort bedeutet?

All das bringt natürlich die Frage auf: Wie soll nun irgendjemand wissen, was ein Wort im ersten Jahrhundert bedeutet?
Die Sache ist weder was ein bestimmtes griechisches Wort heute bedeutet, noch was seine etymologische

Wurzel ist. Die Frage ist: *Was meinten die inspirierten Verfasser der Schriften des Neuen Testamentes und ihre Leser?*

Es ist natürlich wichtig zu wissen, dass es zu der Zeit Jesu keine Griechisch-Wörterbücher gab, noch dass wir aus dieser Zeit grammatikalische Lehrbücher haben. Um also bei der richtigen Bedeutung eines neutestamentarischen Wortes herauszukommen, müssen wir uns anschauen wie das Wort in den alten Zeiten verwendet wurde. In Hinsicht auf das Neue Testament, gibt es drei Hauptquellen.

> - klassische griechische Texte
> - die Septuaginta (also die antike griechische Übersetzung des Alten Testaments)
> -die Schriften der frühen Christen, besonders jene aus dem 2. Jahrhundert

Der Anfangspunkt beim Studium des antiken Griechisch, ist üblicherweise bei den großen griechischen Klassiker, von denen es viele gibt. Dies jedoch hat seine Grenzen.

Denn erstens, wurde das Neue Testament im umgangssprachlichen Koinegriechisch geschrieben, nicht im polierten Griechisch der antiken Klassiker.

Zweitens, wurden die meisten Stücke der klassischen griechischen Literatur Jahrhunderte vor dem Neuen Testament geschrieben. Wie bei vielen anderen Sprachen, erfuhr auch die griechische Sprache bei vielen Wörtern im Laufe der Jahrhunderte einen Bedeutungswandel. Folglich, hatte ein Wort in der

Zeit des Plato (ca. 400 v. Chr) nicht zwangsläufig dieselbe Bedeutung wie in den Tagen der Apostel. Und schließlich, benutzen die inspirierten biblischen Autoren oft Wörter in einem anderen Sinn als säkulare Autoren.

Für das Studium des neutestamentarischen Griechisch ist die Septuaginta von weitaus mehr wert, als die griechischen Klassiker. Denn erstens, wurde sie im Koinegriechisch verfasst, und zweitens, ist sie seitlich wesentlich näher am neuen Testament, als Schriften von Philosophen wie Plato oder Aristoteles. Und schließlich war die Septuaginta das Alte Testament der kirche des ersten Jahrhunderts. Sowohl die Apostel als auch ihre Leser, waren firm im Vokabular der Septuaginta, und dies schlägt sich auch in der Sprache des Neuen Testaments nieder. Wie es ein griechisch Gelehrter treffend bemerkte:

"Rein menschlich gesehen, könnte es ohne die Septuaginta kein neues Testament geben. Denn die Septuaginta diente nicht nur als sprachliches Medium, sondern stellt auch zu einem großen Teil ihr Denkmuster."[54]

Nichtsdestotrotz, ist meine Beobachtung dass ein Großteil der Kommentatoren und Theologen zutiefst unwissend über die Septuaginta sind. Ich vermute sogar dass ein Großteil von ihnen diese nie gelesen hat.

Die Schriften der frühen Christen, besonders jene aus dem ersten Jahrhundert nach der Vollendung des Neuen Testaments, sind eine extrem wertvolle Ressource.

Die Christen dieser Zeit Sprachen dieselbe Sprache, lebten im selben Kulturkreis, und benutzten dasselbe christliche Vokabular wie die Apostel. Wenn wir uns die Bedeutung eines neutestamentlichen griechischen Wortes anschauen, sollte eine Schlüsselfrage immer lauten: Wie haben die Christen des ersten und zweiten Jahrhundert die Worte der Apostel verstanden? Das ist der gesunde Menschenverstand. Doch, wieder einmal, zeigt sich das die meisten Kommentatoren und Ausleger komplett unwissend sind, es darum geht wie die frühen Christen das Neue Testament verstanden.

Wie ich ja bereits gesagt habe, bin ich kein Griechischgelehrter. Das Spezialgebiet meiner Studien ist die christliche Kirchengeschichte- besonders die Zeit der frühen Christen. Aber als Kirchenhistoriker, kann ich nicht anders, als festzustellen dass die frühen Christen bestimmte Wörter und Verse des Neuen Testamentes ganz anders verstanden als unsere modernen "Experten",und was sie sagen dass diese Wörter und Verse bedeuten würden.

Agape - Ein Fallbeispiel

Wie wahrscheinlich den meisten von euch, wuchs ich mit der Lehre auf, dass eines der griechischen Wörter für Liebe, *agape*, welches im Neuen Testament verwendet wird eine andere Bedeutung hat als andere griechische Wörter für Liebe, nämlich *eros* und *philia.* Uns ein wurde gesagt, dass die Agape Liebe die höchste Form der Liebe ist, und dass dies die bedingungslose Liebe sei, oder dass es bedeutet nur das Beste für eine andere Person zu suchen. Im Gegensatz dazu wurde uns gesagt, dass *philia* lediglich bedeutet Zuneigung für jemanden zu empfinden oder diese Person zu mögen. Und schließlich, wurde uns gesagt dass Eros die romantische Liebe sei.

So sagt eine christliche Quelle folgendes:

> *Philia ist eine emotionale, brüderliche Liebe, welche man am besten mit der Liebe zwischen David und Jonathan in der Bibel illustrieren kann. Es ist wichtig zu sehen, dass das Gebot zu lieben niemals phileo ist, weil dies eine emotionale Liebe ist welche aus einer gegenseitigen Neziehung entspringt, anders als agape...*
>
> *... Und schließlich ist da ein griechisches Wort für Liebe, agape, welche eine selbstlose Form der Liebe ist. Diese Liebe hat einen selbstlosen Fokus darauf zuerst anderen zu geben. Agape kann als bedingungslos positiv angesehen werden. Ein persönlicher Gemütszustand, der uns zu hilfreichen, notwendigen Dingen in persönlicher Einfachheit bewegt, in Demut, Mitgefühl und Gelassenheit.*
>
> *Agape ist die höhere Form der Liebe, eine Manifestation von Gottes wahrer Liebe zu uns allen welche wir alle immer noch persönlich benötigen, vorantreiben und pflegen müssen, indem wir Gott die volle Kontrolle über unser Leben geben.*
>
> *Das griechische Wort Agape ist dem klassischen griechisch überwiegend fremd, weil es seinen Ursprung bei Gott hat (siehe 1.Joh. 4:7 - die Liebe kommt von Gott).c die ersten Jünger Jesu Christi waren unfähig zur Agape Liebe bis zum*

*Pfingsttag, denn die Agape Liebe kommt allein
durch den Heiligen Geist"[55]*

Diese Art der Lehre habe ich selbst die meiste Zeit
meines Lebens gehört, und selbst auch ähnliche Dinge
in meinen Predigten gesagt. Daher kannst du dir vorstellen, wie erstaunt ich war, als ich in den Schriften
der frühen Christen las und feststellte, dass sie nie
behaupteten dass an dem Wort *agape* etwas
Besonderes wäre. Und das wunderte mich sehr.

Also prüfte ich ob das Wort *agape* in der Septuaginta
irgendwo auftaucht. Oder mit anderen Worten, war
dieses griechische Wort ein Wort das nur von Christen benutzt wurde? Oder benutzt denn die Juden das
Wort schon 100 Jahre vor Jesus oder noch früher vor
der Zeit Christi? Zu meinem großen Erstaunen entdeckte ich, dass *agape* 283 mal in der Septuaginta
vorkommt.c und das von Genesis bis Maleachi. Es ist
also nicht wahr dass es ein besonderes Wort war,
welches vor unserem Neuen Testament praktisch
unbekannt war. Der Grund warum Jesus und seine
Apostel so oft das Wort Agape benutzten, ist dass die
griechischsprachige Juden schon gewöhnt waren es
im Alten Testament zu lesen.

Offenbar ist es nicht wahr dass Menschen vor dem
Pfingsttag unfähig zur Agape Liebe waren. Denn
schließlich lesen wir in der Septuaginta folgendes
Gebot :

*Und du sollst den Herrn, deinen Gott, lieben
(agape) mit deinem ganzen Herzen und mit
deiner ganzen Seele und mit deiner ganzen Kraft.[5]*
Mose 6:5

151

Die Septuaginta benutzt Agape auch in dem Gebot den nächsten wie sich selbst zu lieben. Gebot also Gott den Israeliten etwas, zudem Sie vor dem Pfingsttag vollkommen unfähig waren. Offensichtlich nicht, denn das Alte Testament spricht von Personen die Gott liebten.(Ps. 5:11; 18:1; 31:23; 97:10; 119:127). An all diesen Stellen, benutzt die Septuaginta das Wort Agape.

Was ist mit der Behauptung, dass die freund-schaftliche Liebe zwischen David und Jonathan philia war und nicht agape? Auch falsch! Als David die Nachricht von Jonathans Tod gebracht wird, liest sich die Septuaginta so:

> *"Es ist mir leid um dich, mein Bruder Jonathan;du bist mir sehr lieb (agape) gewesen!Wunderbar war mir deine Liebe (agape),mehr als Frauenliebe!*
> 2 Samuel 1:26   56

Und was ist mit der Behauptung dass Agape die höchste Form der Liebe sei, welche nur vom Heiligen Geist produziert werden kann? Schon wieder falsch! Indem ich die Septuaginta las, wurde mir klar, dass die Juden die Agapeliebe als Bezeichnung für alle möglichen Formen der Liebe benutzten. Sowohl für die Liebe zu Gott, die Zuneigung gegenüber den eigenen Freunden und die romantischen Liebe, jedoch auch für die Liebe zu vielen ungöttlichen und sündigen Dingen. Hier ein paar kurze Beispiele dafür, wie Agapeliebe in der griechischen Version des Alten Testamentes benutzt wurde:

> *...und bereite mir ein schmackhaftes Essen, wie ich es gern habe, und bring es mir herein, dass ich esse, damit meine Seele dich segne, bevor ich sterbe!1 Mose 27:4*

Antworte mir auf mein Schreien, du Gott meiner Gerechtigkeit! In der Bedrängnis hast du mir Raum gemacht;sei mir gnädig und erhöre mein Gebet! Psalmen 4:2

wer mich aber verfehlt, tut seiner Seele Gewalt an; alle, die mich hassen, lieben den Tod! Sprüche 8:36

Er küsse mich mit den Küssen seines Mundes Denn deine Liebe ist besser als Wein. Lieblich duften deine Salben; dein Name ist wie ausgegossenes Salböl:darum lieben dich die Jungfrauen!
Hohelied 1:2-3

Auf meinem Lager in den Nächten suchte ich ihn, den meine Seele liebt;ich suchte ihn, aber ich fand ihn nicht. Hohelied 3:1

Große Wasser können die Liebe nicht auslöschen, und Ströme sie nicht ertränken.Wenn einer allen Reichtum seines Hauses um die Liebe gäbe,so würde man ihn nur verachten! Hohelied 8:7

Nachdem ich diese Dinge entdeckt hatte, war ich elektrisiert und ich entschied mich das Neue Testament zu prüfen wie das Wort dort benutzt wurde. Und ich entdeckte dass Jesus und die Apostel das Wort Agape im Einklang mit der Septuaginta benutzten um die verschiedenen Formen der Liebe abzudecken. In allen folgenden bibelstellen ist das griechische Wort für Liebe. Agape.

Und wenn ihr die liebt, die euch lieben, was für einen Dank erwartet ihr dafür? Denn auch die Sünder lieben die, welche sie lieben. Lukas 6:32

Wehe euch Pharisäern, dass ihr den ersten Sitz in den Synagogen und die Begrüßungen auf den Märkten liebt![Lukas 11:43]

Darin aber besteht das Gericht, dass das Licht in die Welt gekommen ist, und die Menschen lieb-ten die Finsternis mehr als das Licht; denn ihre Werke waren böse.[Johannes 3:19]

Denn die Ehre der Menschen war ihnen lieber als die Ehre Gottes.[Johannes 12:43]

Denn Demas hat mich verlassen, weil er die jetzige Weltzeit lieb gewonnen hat, und ist nach Thessalonich gezogen, Crescens nach Galatien, Titus nach Dalmatien.[2 Timotheus 4:10]

Weil sie den richtigen Weg verlassen haben, sind sie in die Irre gegangen und sind dem Weg Bileams, des Sohnes Beors, gefolgt, der den Lohn der Ungerechtigkeit liebte;[2 Petrus 2:15]

Habt nicht lieb die Welt, noch was in der Welt ist! Wenn jemand die Welt lieb hat, so ist die Liebe des Vaters nicht in ihm.[1 Johannes 2:15]

Soviel zu den Aussagen unserer gelehrten Kommentatoren! Wenn jedoch die Theologen schon so oft blinde Blindenleiter sind, wenn es um die griechische Sprache geht, wie viel mehr wenn es um das Neue Testament geht?

20 Geschichtsfälschung

Als ich Anfang 30 war, waren nahezu die einzigen christlichen Schriften die ich las Bibelkommentare und ähnliche Referenzwerke. Ich glaube der praktisch jedes Wort dass die Kommentatoren schrieben. Wie schienen so viel darüber zu wissen was " *hinter den Kulissen* " in der neutestamentarischen Kirche vor sich gegangen war. Es schien als ob sie eine unermessliche Fülle von jüdischen und christlichen Schriften des ersten Jahrhunderts vorliegen hätten, welche ein unermessliches Licht auf die Bibel werfen. Schließlich jedoch, beschloss ich selbst diese Schriften zu lesen, anstatt mich immer nur auf andere zu verlassen wenn es um diese Informationen ging. Also habe ich ernsthaft begonnen zu suchen, wo ich diese Schriften aus dem ersten Jahrhundert kaufen kann, die so viel darüber aus sagten was in der Kirche zu der Zeit als das Neue Testament entstand geschah. Und das war der Zeit. wo ich das große Geheimnis entdeckte.

Das große Geheimnis

Das große Geheimnis ist das solche Schriften aus dem ersten Jahrhundert, die so viel über das Judentum und Christentum des ersten Jahrhunderts auszusagen schienen überhaupt nicht existieren. Ich war absolut schockiert, als ich dies entdeckte. Die Kommentatoren Schienen so viel darüber zu wissen was in der apostolischen Kirche hinter den Kulissen vor sich ging. Aber sicherlich haben die sich das doch nicht

alles aus den Fingern gesaugt, oder?
Doch, genau das ist das was sie getan haben und tun.

Ich habe nun ein paar Beispiele, die Seher anschaulich zeigen was ich meine. Johannes Calvin wandte diesen *"Hinter-den-Kulissen"-Blick* an, um uns zu erzählen was angeblich in der apostolischen Gemeinde vor sich ging.

> *Vermutlich besteht ein Zusammenhang daran, dass die Frauen die schönes Haar hatten daran gewöhnt waren ihre Häupter unbedeckt zu lassen, um ihre schönheit der Welt zu präsentieren. Es ist also daher nicht ohne guten Grund, das Paulus ihnen die gegenteilige Idee als Heilmittel gegen dieses Übel vorsetzt. Sie sollen durch ihre Unscheinbarkeit auffallen, und nicht durch das was ein Anlass zur Lust ist.*[57]

Calvin zufolge zeigten die korinthischen Schwestern ihre unbedeckten Häupter um ihre schönen Haare vorzuführen. Aber Calvin gibt wenigstens zu dass dies eine Vermutung ist.
William Burkitt jedoch, ein beliebter Kommentator des frühen 18. Jahrhunderts, wiederum kommt mit einer anderen " Insider-Geschichte " bezüglich dessen was in Korinth angeblich passiert sei:

> *Es war eine groteske Imitation der Priesterinnen und Prophetinnen der Heiden, die mit unverschleierten Gesichtern, zerzaustem Haar, wobei ihre haare in voller Länge rund um die Ohren herunterhingen, wenn sie ihren Götzen dienten, besonders wenn sie dem Bacchus Opfer darbrachten,*

Die Frauen der korinthischen Gemeinde warfen
nun ihre Schleier in Nachahmung dieser heid-
nischen Frauen(das weibliche Geschlecht willig
und anfällig ist der Mode zu folgen) ihre Schleier
ab, entblößten ihre Häupter, und entehrten ihre
Häupter.[58]

Hier nun wird uns erzählt dass das Problem in
Korinth gewesen wäre, dass die christlichen Frauen
heidnische Prophetinnen imitieren wollten. Haben
wir nun diesmal endlich die " wahre Geschichte "
aufgetischt bekommen?
Nicht wenn man den berühmten Bibelkommentatoren Jamieson, Faussett und Brown glauben will.
In ihrem Kommentar, der 1871 veröffentlicht wurde,
geben sie uns eine andere *" Insiderinformation ":*

Die korinthischen Frauen, verlangten die
Gleichstellung mit dem männlichen Geschlecht,
mit der Begründung dass es in Christus weder
Mann noch Frau gäbe, und überschritten dabei
die Grenzen des Anstandes, indem sie vortraten
und beteten und prophezeiten, und dies ohne die
gewohnheitsmäßige Kopfbedeckung der Frauen
zu tragen.[59]

Nun also wird uns erzählt, dass in Wahrheit die
Frauen die soziale Gleichstellung mit den Männern
forderten. So wiederholt etwa der *"Commentary on the*
Whole Bible" von 1942 diese Behauptung:

St Paulus selbst lehrte,"da ist weder Mann noch
Frau; denn ihr seid alle einer in Christus
Jesus."(Galater 3, welche entweder kurz vor oder

kurz nach dem 1 Korinther geschrieben wurde).
Dadurch sagt er dass die Errettung allen gleicher-
maßen angeboten wird, und alle die selbe geist-
liche Position haben. Aber diese Frauen
missbrauchen diese Lehre so, dass sie bedeutet
dass alle Unterordnung gegenüber den Männern
hinweg getan sei. [60]

Zuerst war also das Problem dass die korinthischen Frauen ihr wunderschönes Haar zeigen wollten. Dann war das Problem dass die Schwestern in Korinth die heidnischen Priesterinnen imitieren wollten. Als nächstes war das Problem dass die korinthischen Schwestern frühe Feministinnen waren, die behaupteten dieselbe Autorität in der Gemeinde zu haben wie die Männer. Und irgendwie hört die *"wahre Geschichte"* niemals auf sich zu ändern.

Aber das ist nicht sehr verwunderlich. Wie ich bereits sagte, meiner Erfahrung nach sind die "Hintergrundinfos" der Bibelkommentatoren groß- teils frei erfunden. Wie nun, kann jemand der nahezu 2000 Jahre später in einem ganz anderen Teil der Welt lebt überhaupt wissen was in der korinthischen Kirche des ersten Jahrhunderts vor sich ging? Der erste Korinther 11 sagt uns überhaupt nichts über die Gründe warum Paulus die Korinther an die univer- selle Praxis der gesamten Kirche erinnern musste.

Ich denke es ist schlüssig, das entweder Männer mit bedeckten heute anzubeten begannen, oder dass Frauen mit unbedeckten Häuptern beteten- oder sogar beides. Denn das ist was der Bibeltext uns hier selbst verrät.

Die Bibelkommentatoren vermitteln den Eindruck dass sie Zugang zu einigen zusätzlichen christlichen Schriften aus der Zeit des Paulus haben, welche uns sagen was wirklich vor sich ging.

Aber es existieren keine solchen Schriften. Da ist nichts. Nada!

Die einzigen hilfreichen und verlässlichen Schriften welche wir aus der Zeit der frühen Kirche überliefert bekommen haben, wurden zum Ende bzw. nach der Zeit der Apostel geschrieben. Aus ihnen erfahren wir, dass das neutestamentarische Gebot von der Kopfbedeckung der Schwestern in der gesamten christlichen Welt praktiziert wurde, gleich in welcher Kultur und welchem Land sich die Gemeinden befanden.[61]

Das war nichts, das typisch für Korinth war. Zweitens erfahren wir, dass die Kopfbedeckung eine Bedeckung aus Stoff war, welche in den verschiedenen Kulturkreisen vom Stil unterschiedlich war. Die Kopfbedeckung war nicht etwa das lange Haar, wie einige in der heutigen Zeit behaupten.

Auch wenn die frühen christlichen Autoren nicht behaupten die Hintergrundinformationen dessen zu kennen, was in der Kirche des ersten Jahrhundert vor sich ging, so lebten sie doch nur ein Jahrhundert später. Doch unsere modernen Bibelkommentatoren, die fast genau 2000 Jahre später leben, behaupten genau zu wissen was in der Kirche von Korinth im Hintergrund ablief.

Die Schriften der Rabbiner

Es ist ein neuer Trend der heutigen Zeit, sich auf die "rabbinische Literatur" zu berufen, um einen Hintergrund zum Neuen Testament herzustellen. Moderne Kommentatoren erwecken den Eindruck dass sie einsicht in das haben was die Rabbiner zu Jesu Zeiten lehrten, und dass dieses Wissen ein beachtliches Licht auf Jesu Lehre und Handeln wirft.

Die Wahrheit jedoch ist das solche Schriften aus dem ersten Jahrhundert überhaupt nicht existieren. Es gibt eine Handvoll jüdischer Schriften aus dem ersten Jahrhundert, aber die sind keine rabbinische Schriften - und sie werfen sehr wenig Licht auf Jesu Lehre. Josephus, Philo, und die Schriften der Essener sind die drei vorrangigen jüdischen Quellen die uns aus dem ersten Jahrhundert erhalten geblieben sind.

Josephus

Josephus war ein jüdischer Historiker des ersten Jahrhundert, der uns durchaus wertvolle historische informationen über die jüdische politische Szene des ersten Jahrhunderts und das direkt darauffolgende Jahrhundert geben kann. Er erzählt uns von dem jüdischen Krieg mit Rom und der Zerstörung Jerusalems im Jahr 70 nach Christus. Er gibt uns auch eine ausführliche Beschreibung über die Pharisäer, Sadduzäer, und Essener. Und schließlich erzählt er uns vom Martyrium des Jakobus, dem Bruder Jesu.
Und all diese Informationen sind extrem wertvoll. Doch sagt uns Josephus nichts über das Kirchenleben im ersten Jahrhundert oder über die Lehre der Rabbiner.

Angebliche"Hintergrundinformationen", welche von den Bibelkommentaren angedeutet werden kommen nicht von Josephus.

Philo

Philo war ein alexandrinischer Jude, der zur selben Zeit wie Jesus lebte, auch wenn sich ihre Wege niemals gekreuzt haben. Er war ein hochgebildet der Mann, der in der jüdischen Gemeinschaft von Alexandria hoch geschätzt war. Und er war auch ein durch und durch hellenisierter Jude. In seinen Schriften, interpretiert er große Teile des Alten Testaments allegorisch, damit sie besser mit dem Griechischen Weltbild harmonisieren. Und um Licht auf das Neue Testament zu werfen, sind seine Schriften praktisch wertlos.

Die Essener

Die Schriften der Qumran Gemeinschaft, welche unter den Schriftrollen vom Toten Meer gefunden wurden, helfen uns noch viel weniger als Josephus oder Philo. Das liegt daran, dass die Qumransekte - welche wahrscheinlich Essener waren - sich vom gewöhnlichen jüdischen Leben isoliert haben und eine zurückgezogene Kommune in der Region des Toten Meeres gegründet haben. Ihre Schriften bestehen hauptsächlich aus apokalyptischen Werken und spezifischen Regeln die für ihre eigene Gemeinschaft gedacht waren. Sofern wir wissen hatte weder Jesus noch einer seiner Apostel Beziehungen zu diesen Leuten.

Da muss es einen Fehler geben!

Ich kann es dir nicht übel nehmen wenn du dir jetzt denkst: *"Moment mal David, du hast da bestimmt etwas falsch verstanden! Es muss doch jede Menge relevanter jüdischer Schriften aus dem ersten Jahrhundert nach Christus geben! Schließlich beziehen sich so viele Kommentare auf all jene rabbinischen Schriften!"*

Nun du musst mein Wort nicht für bare Münze nehmen! Gehen und prüfe selbst sorgfältig was das für fehlende rabbinische Schriften sind. Briefe für dich selbst, ob du irgendwelche relevanten jüdischen Schriften aus dem ersten Jahrhundert findest, zusätzlich zu den drei die ich bereits erwähnt habe.

Was ist nun mit den jüdischen rabbinischen Schriften von denen wir so viel hören? Die Wahrheit ist dass uns keine rabbinischen Schriften aus dem ersten Jahrhundert erhalten sind. Die früheste Sammlung rabbinische Schriften finden wir in der Mischna. Aber diese wurde nicht im ersten Jahrhundert verfasst. Vielmehr stammt diese aus dem frühen dritten Jahrhundert. Die Mischna ist eine Sammlung von verschiedenen rabbinischen Interpretationen über bestimmte Gebote des Gesetzes, etwa über den Sabbat. Es beinhaltet Interpretationen welche angeblich mündlich von Schriftgelehrten stammten die im ersten Jahrhundert gelebt haben.
Die Beispiele die ich am Anfang dieses Buches zitiert habe, als es darum ging wie die Schriftgelehrten das Gesetz interpretierten, stammen aus der Mischna wir wissen nicht mit Sicherheit dass diese spezifischen Interpretationen in Jesu Tagen geleert wurden, aber

sie passen ziemlich gut zu der Beschreibung die Jesus über die Lehre der Schriftgelehrten gab. Nämlich dass sie die Mücke aussiebten und das Kamel verschluckten. Die mishnah zeigt auch dass die Rabbiner widersprüchliche Lehren und Interpretationen zu nahezu jedem Bereich des Gesetzes hatten. Im dritten Jahrhundert nach Christus wurde eine Ergänzung zu der Mischna zusammengestellt, welche als *Tosefta* bekannt ist, und von ähnlicher Machart wie die Mishna ist.

Der Talmud

Das einflussreichste rabbinische Werk aller Zeiten ist der Talmud. Genau genommen, gibt es zwei Talmud. Der **jerusalemer** oder **palästinische** und der **babylonische**. Und die zwei sagen oft vollkommen verschiedene Dinge. Von den beiden, ist der babylonische der Einflussreichste gewesen.

Jedoch wurde dieser erst ungefähr im Jahr 500 nach Christus zusammengestellt. Der Talmud besteht aus der Mischna plus alle möglichen rabbinischen Kommentare zur Mischna aus den Zeit zwischen dem Jahr 200 und dem Jahr 500. Der Talmud ist also auch nur wenig wert, wenn es darum geht einen Einblick in den Glauben und die Glaubenspraxis der Juden des ersten Jahrhunderts zu erhalten. Es existiert also nur eine Sammlung von rabbinischen Diskussionen und Lehren, wie sie 400 Jahre nach der Zeit des Neuen Testamentes in Erinnerung überliefert worden waren.

Es wäre ziemlich unehrlich von den Kommentatoren den Talmud zu zitieren als ob er die jüdischen Glaubens Vorstellungen und die Glaubenspraxis des 1.Jhd. Abbilden würde. Denn er bildet lediglich rabbinische Gedanken aus Jahrhunderten nachdem das Neue Testament entstanden war ab. Und wie die Mischna, enthält der Talmud widersprüchliche Meinungen verschiedener Rabbiner.

Aber erneut, basieren die *"Insiderinformationen aus dem Judentum"* von denen christliche Kommentatoren sprechen nur seltenst auf den Aussagen des Talmud. Es sind entweder Dinge die sie aus mittelalterlichen-rabbinischen Quellen entnommen haben, wie etwa aus Gebetbüchern oder etwas dass sie frei erfunden haben. Und Kommentatoren ziehen nicht nur Dinge über jüdische Glaubensinhalte an den Haaren herbei, sondern auch über die Glaubensvorstellungen und Glaubenspraxis von Römern und Griechen.

Und ich weiss, das was ich sage schwer zu glauben ist, also lass mich dir noch ein paar weitere Beispiele zeigen.

21 Wenn Fiktion als Tatsache präsentiert wird

Wahrscheinlich gibt es zu keiner Bibelstelle so viele niedergeschriebene Geschichtsfälschungen wie zum ersten Korinther 11, wo es um die Kopfbedeckung geht. Wie wir bereits gesehen haben, agieren die Kommentatoren als ob sie wüssten was hinter den Kulissen der korinthischen Kirche passiert wäre. In Wahrheit weiß das keiner von uns so genau.

Theologen haben auch behauptet dass sie die große Einsicht in die heidnische Welt hätten, in der jener korinthischen Christen lebten. So behauptet etwa Adam Clarke, ein Kommentator aus dem 19. Jahrhundert über diese Passage:

> *Der einzige Unterschied den der Apostel festhält, war der dass der Mann sein Haupt unbedeckt lassen soll, weil er der Repräsentant Christi war; die Frau hatte ihres bedeckt, weil sie in der Ordnung Gottes dem Mann unterstellt war, und weil es unter den Römern und Griechen eine gewohnheit war, und unter den Juden ein ausdrückliches Gebot, das keine Frau in der Öffentlichkeit ohne Schleier zu sehen sein sollte. Dies war und ist noch heute im Nahen Osten der allgemeine Brauch, und nur eine Prostituierte geht ohne Schleier in die Öffentlichkeit.[62]*

Eine Person braucht nicht weiter zu suchen als in seiner eigenen Bibel um Clarke's erste Erfindung zu entdecken. Er impliziert dass der Apostel von den Frauen verlangte dass sie ihr Haupt bedecken wenn sie beten und prophezeien, *"...die Frau hatte ihres bedeckt, weil sie in der Ordnung Gottes dem Mann unterstellt war, UND weil es unter den Römern und Griechen eine gewohnheit warund unter den Juden ein ausdrückliches Gebot, das keine Frau in der Öffentlichkeit ohne Schleier zu sehen sein sollte..."*

Was Paulus geht doch sagte war:

> *Jede Frau aber, die mit unbedecktem Haupt betet oder weissagt, schändet ihr Haupt; es ist ein und dasselbe, wie wenn sie geschoren wäre!*
> *Denn wenn sich eine Frau nicht bedecken will, so soll ihr auch das Haar abgeschnitten werden! Wenn es aber für eine Frau schändlich ist, sich das Haar abschneiden oder abscheren zu lassen, so soll sie sich bedecken.*
> *Denn der Mann darf das Haupt nicht bedecken, weil er Gottes Bild und Ehre ist; die Frau aber ist die Ehre des Mannes.*
> *Denn der Mann kommt nicht von der Frau, sondern die Frau vom Mann;auch wurde der Mann nicht um der Frau willen erschaffen, sondern die Frau um des Mannes willen.*
> *Darum soll die Frau [ein Zeichen der] Macht auf dem Haupt haben, um der Engel willen.* [1 Korinther 11:5-10]

Paulus gibt nur zwei Gründe für seine Anweisung (1) *weil der Mann das Haupt der Frau ist* und (2) *" um der Engel Willen "*.

Nirgendwo sagt er etwas über römische, griechische, oder jüdische Traditionen. Das ist einfach nur etwas was sich Adam Clarke aus den Fingern gesaugt hat. Leider war dies nicht Clarkes einzige Erfindung. Lasst uns noch weitere betrachten.

Griechische und Römische Gewohnheiten

Clarke behauptet dass es ein griechischer und römischer Brauch gewesen sei, *"dass keine Frau außerhalb ihres Heims ohne Schleier zu sehen sein sollte."* Clarke liefert keinen Beweis für seine Behauptung. Ich bin sicher keine Koryphäe für das römische und griechische Alltagsleben, aber ich habe viele antike griechische und römische Schriften gelesen. Und nirgendwo ist mir etwas begegnet, das ein Indiz dafür ist das griechische und römische Frauen nicht in der Öffentlichkeit ohne Schleier erscheinen durften. Ich habe auch viele griechische und römische Skulpturen und Malereien aus der neutestamentlichen Ära gesehen. Und keine von ihnen bestätigt Clarkes Behauptung.

Was wir aus der griechischen und römischen Literatur und Kunst lernen, ist das in der Ära des Neuen Testamentes manche römische und griechische Frauen transparente Schleier zu verschiedenen Anlässen trugen. Solche Schleier waren mehr zur ein modisches Accesoir als dass sie einen anderen Zweck erfüllten. Auch wissen wir das griechische und römische Frauen üblicherweise einen Schal trugen, der *palla* genannt wurde um ihre

Schulter trugen. Manchmal haben sie diese auch über ihren Kopf gelegt. Doch gibt es weder in der römischen noch in der griechischen Literatur irgendeine Verbindung zwischen der Palla und der Lehre über die Geschlechterordnung.

Jüdische Frauen und der Schleier

Als nächstes behauptet Clarke kühn, es sei *"bei den Juden ein ausdrückliches Gesetz, das keine Frau außerhalb ihres Heims ohne Schleier zu sehen sein sollte."*
Allerdings war das einzige "verbindliche Gesetz" dass die Juden des ersten Jahrhundert hatten, das mosaische Gesetz. Und jeder Christ kann das Gesetz lesen und sehen dass es im Gesetz kein solches Gebot gibt.
Du magst jetzt sagen: *"Ja, aber vielleicht haben die Rabbis zusätzliche Gebote über den Schleier geschaffen"*
Aber, wie bereits erwähnt, haben wir keine rabbinischen Schriften aus der Zeit des Neuen Testaments. Die früheste Sammlung rabbinische Schriften die wir kennen, die Mischna (ca. 3. Jhd), und nirgendwo in der Mischna findet sich eine Anordnung für jüdische Frauen einen Schleier zu tragen wenn sie in die Öffentlichkeit gehen.
Wir finden auch nur eine kurze Erwähnung des Schleiers in der Mischna. Da geht es darum was Frauen und Männer am Sabbat in der Öffentlichkeit tragen dürfen.

> *Womit darf eine Frau ausgehen und womit darf sie nicht ausgehen?*

> "Eine Frau darf nicht ausgehen: Mit wollenen Bändern und nicht mit leinenen Bändern,

Und nicht mit einem Band an ihrem Kopf,
und sie darf nicht mit ihnen Baden, bis dass
sie sich löst, nicht mit einem Stirnband und
nicht mit einem Kopfschmuck, wenn sie
nicht angenäht sind, und nicht mit einer
kopfbinde auf einem öffentlichen Platz und
nicht mit einer goldenen Stadt, und nicht mit
einer Halskette und nicht mit einem
Nasenring und nicht mit einem Ring, auf dem
kein Siegel ist, und nicht mit einer Nadel, die
nicht durchlocht ist; wenn sie aber damit
ausgegangen ist, so ist sie kein Sündopfer
schuldig."[63]

Arabische Frauen dürfen verschleiert
ausgehen. Medische Frauen dürfen Umhänge
über ihre Schultern geworfen tragen." [64]

Es gab also kein ausdrückliches Gesetz in der
Mischna, welches Frauen vorschrieb einen
Schleier tragen. Tatsächlich verbietet die
Mischna einer Frau ein Schleier am Sabbat zu
tragen, es sei denn sie wohnt in Arabien - wo
alle Frauen üblicherweise einen Schleier in
der Öffentlichkeit tragen. Dies würde also
andeuten dass der jüdische Schleier
hauptsächlich als Zierde getragen wurde. Das
ist auch was wir in der Schrift sehen. Jesaja
prophezeite über die israelitischen Frauen:

Und der Herr sprach: Weil die Töchter Zions stolz
geworden sind und mit emporgerecktem Hals
einhergehen und herausfordernde Blicke

> *werfen; weil sie trippelnd einherstolzieren und mit ihren Fußspangen klirren,deshalb wird der Herr den Scheitel der Töchter Zions kahl machen, und der Herr wird ihre Scham entblößen.*
>
> *An jenem Tag wird der Herr die Zierde der Fuß-spangen, der Stirnbänder und Halbmonde weg-nehmen,die Ohrgehänge, die Armspangen, die Schleier,die Kopfbünde, die Schrittfesseln und die Gürtel, die Riechfläschchen und die Amulette, die Fingerringe und die Nasenringe,*[Jesaja 3:16-22]

Es ist also unbestritten dass jüdische Frauen auch Schleier trugen. Doch war dies mehr ein Schmuck und kein Symbol der Unterordnung.

Ein sehr aussagekräftiges Zeugnis über die jüdischen Frauen und den Schleier finden wir in einem Werk eines frühchristlichen Autors namens Tertullian. Er sagt:

> *Ich füge noch ein Beispiel hinzu aus dem Alten Bunde, soweit man füglich auch aus diesem Lehren aufstellen kann. Bei den Juden ist der Gebrauch, daß die Frauen einen Schleier über den Kopf tragen, ein so fester, daß man sie daran erkennt.*[65]

Dies ist ein bedeutendes historisches Zeugnis. Denn das zeigt uns nicht nur, dass Frauen der Juden Schleier trugen, sondern auch dass die meisten heidnischen Frauen in Tertullians Tagen keine Schleier trugen. Denn wenn jüdische Frauen an ihren zieren-den Schleiern erkannt wurden, wird klar dass die römischen Frauen sie normalerweise nicht trugen. Und die Christen an die Paulus in Korinth schrieb waren hauptsächlich Griechen und Römer und keine Juden.

Eine Gewohnheit des Ostens?

Außerdem behauptet Clarke dass der Schleier eine Gewohnheit des Ostens war und ist. Clarke sagt etwas ähnliches wie Matthew Henry in seinem Kommentar zu derselben Stelle.

> *"Um dies zu verstehen, muss man beachten guck mal das in den östlichen Nationen bedeckt oder verschleiert zu sein ein Ausdruck der Scham oder der Unterwerfung gewesen ist."*[66]

In den meisten Kommentaren liest man ähnliche Aussagen.
Aber treffen diese Behauptungen wirklich zu? Erst einmal ist es nicht wahr dass der Schleier ein Zeichen der *"Scham und Unterwerfung"* war, wie Matthew Henry behauptet. Genau das Gegenteil ist der Fall. Wie wir bereits gesehen haben, sagt uns auch Jesaja dass der Schleier für die jüdischen Frauen ein Ausdruck des Stolzes und eine Zierde war. Das ist warum ihnen die Mischna verbietet am Sabbat einen Schleier zu tragen.

Die meisten Menschen wissen heutzutage dass es im Nahen Osten für Frauen üblich ist einen Schleier oder ein Kopftuch zu tragen. Also akzeptieren die meisten Christen auch ohne dies weiter zu hinterfragen das östliche Frauen in Pauli Tagen einen Schleier trugen.
Aber wie viel Wahrheitsgehalt steckt dort wirklich drin? Die meisten Frauen im Nahen Osten tragen heutzutage einen Schleier weil es islamische Länder sind. Der Islam jedoch entstand erst im 7.Jahrhundert nach Christus, also Jahrhunderte nachdem das Neue

Testament fertig gestellt wurde. Der Islam exportierte die arabische Kultur in Länder, die von den Muslimen erobert wurden. Und wie ich bereits erwähnt habe, trogen arabische Frauen bereits in der Antike Schleier.[67]

Die Frage jedoch ist nicht, was tragen die Frauen im Nahen Osten heute? Sondern wie sah es im Nahen Osten zur Zeit Pauli aus, bevor der Islam entstand? Oder anders gesagt, wie haben Ägypter, Syrer,Perser, Chaldäer, Elamiter und andere Völker des Nahen Ostens sich im ersten Jahrhundert nach Christus gekleidet?
Das ist gar nicht so einfach herauszufinden, denn es ist ja nicht so dass es aus der Zeit Enzyklopädien, Fotobücher, oder Reiseführer gäbe. Doch gibt es Malereien, Statuen und Artefakte aus dem antiken Ägypten, Syrien, Persien, Assyrien und Babylon. Bestimmt hast du schon mal abbildungen von ägyptischen Frauen gesehen wie sie in Pyramiden und anderen historischen Stätten entdeckt worden. Die ägyptischen Frauen auf diesen Gemälden haben üblicherweise keinen Schleier, oder? In anderen Ländern des Nahen Ostens, wie in Syrien, deuten Malereien und statuen an das einige Frauen Schals trugen die sie über ihre reiter Schlingen konnten. An anderen Orten der Region jedoch, zeigen Malereien und Skulpturen das andere Frauen überhaupt keine Schleier trugen- genau wie im alten Ägypten. [68]

Die Gewohnheiten der nahöstlichen Länder heute in die Zeit Paulus hinein zu lesen, ist also eine Sackgasse. Aber die Blindheit der Theologen und Kommentatoren geht in dieser Hinsicht noch viel weiter. Selbst ein Kind kann einen Weltatlas in die Hand nehmen und erkennen dass Korinth in Griechenland lag, und nicht im Nahen Osten. In Griechenland ist heutzutage als die "Wiege der westlichen Zivilisation" bekannt. Das antike Korinth war keine orientalische Stadt. Also wären schlussendlich alle Anmerkungen der Kommentatoren über den Orient irrelevant, selbst wenn ihre Darstellung des orientalischen Kulturkreises richtig wären.

Prostituierte und Korinth

Adam Clarke's letzte Behauptung - welche auch heutzutage oft wiederholt wird- ist das nur Prostituierte in der Öffentlichkeit ohne Kopfbedeckung unterwegs gewesen wären. Heutzutage, liest man in vielen Bibelkommentaren, wie bei William Barclay, das Korinth eine lüsterne Stadt gewesen sein voller Prostituierte gewesen wäre.

Die Kommentatoren sagen dass es wichtig für die christlichen Frauen gewesen wäre einen Schleier zu tragen damit sie nicht mit Prostituierten verwechselt werden.

Zuerst einmal, sollten wir festhalten dass Paulus nicht davon erwähnt als er die Gründe für die Kopfbedeckung nennt. Der einzige Grund, den er nennt ist wegen der Schöpfungsordnung und *"wegen der Engel"*. Außerdem scheint all diesen Kommentatoren zu entgehen, das dies ein Doppelgebot für Männer und Frauen ist. Wenn der Grund die Prostitution gewesen wäre, warum sollte Paulus den Männern sagen dass sie ihre Häupter nicht bedecken sollen wenn sie beten oder prophezeien?

Was kommt als nächstes? Dass nur Männer in Korinth

ihre Häupter nicht bedeckten männliche Prostituierte gewesen wären?

Vielmehr wird dadurch das Gebot der Kopfbedeckung von den Kommentatoren irgendwie so interpretiert als ob es ein spezifisches Gebot an die Korinther gewesen wäre. Das größte Gewicht jedoch in Pauli Argumentation hat jedoch dass die Korinther nicht der Praxis folgten die in der restlichen Kirche bereits Standard war. Das Gebot hat nichts mit Korinth allein zu tun. Der einzige Grund warum diese Anweisung an die Korinther erging ist wohl das wohl einige von ihnen gegen dieses Gebot revoltierten.

Wo ist der Beweis dafür das nur Prostituierte ohne Schleier in die Öffentlichkeit gingen?

Wenn Kommentatoren argumentieren dass die einzigen Frauen die in der Antike keinen Schleier trugen Prostituierte gewesen wären, frage ich mich ob sie jemals die Aussage im Buch Genesis über Tamar gelesen haben. Als Thema für eine Prostituierte gehalten werden wollte, hat sie ihren Schleier nicht abgenommen. Stattdessen hat sie einen aufgesetzt. Die Stelle lautet wie folgt:

> *Da legte sie die Witwenkleider ab, bedeckte sich mit einem Schleier und verhüllte sich und setzte sich ans Tor von Enaim, am Weg nach Timna. Denn sie sah, dass Schela erwachsen war und sie ihm nicht zur Frau gegeben wurde.Als nun Juda sie sah, glaubte er, sie sei eine Hure; denn sie hatte ihr Angesicht bedeckt.1 Mose 38:14-15*

Es gab also durchaus Prostituierte in der Antike die einen Schleier trugen.

Und wie wir bereits durch Tertullians Aussage gesehen haben, konnte man jüdische Frauen an ihren Schleichern erkennen. Offensichtlich trugen die meisten römischen und griechischen Frauen in diesen Tagen keine Schleier. Es ist also geradeaus falsch das nur Prostituierte keine Schleier trugen. Es ist nur ein weiteres Stück Pseudohistorie welche sich Bibelkommentatoren ausgedacht haben.
Und es gibt einen guten Grund warum sie für all ihre Behauptung nie irgendeinen historischen belegt anführen um ihre Behauptungen zu stützen. Die Beläge existieren schlichtweg nicht.

Was hat es nun mit der besonders lüsternen Stadt Korinth auf sich, die angeblich voller Huren gewesen sein soll? In seinem Bibelkommentar nennt es Barclay *"Die lüsternste Stadt der Welt"*[68]
Das Gerücht dass Korinth eine besonders lüsterne Stadt gewesen sein basiert auf einem antiken Werk, Strabo's Geographie. Sie wurde von dem Römischen Geographen Strabo verfasst und er hat das Folgende über Korinth zu sagen:

> *Und der Tempel der Aphrodite war so reich, dass er mehrere tausend Tempelsklaven, Prostituierte, besaß, die sowohl Männer als auch Frauen der Göttin gestiftet hatten. Und daher ist es auch diesen Frauen zuzu-schreiben dass die Stadt voller Menschen war und Reich wurde. So gaben etwa die Schiffs-kapitäne ihr Geld freizügig aus, und daher kommt der Spruch: "Nicht für jeden Mann ist die Reise nach Korinth "*[69]

Auf den ersten Blick erscheint es so, als ob der römische Geograph Strabo bestätigt was die Kommentatoren zumindest darüber sagen dass Korinth eine Stadt der Fleischeslust war. Vielleicht haben ja die Kommentatoren doch noch ihre geschichtlichen Recherchen gemacht? Haben Sie oder? Nun lasst uns doch mal weiter lesen was Strabo noch zu erzählen hat:

> Als die Korinther dem Philipp unterstellt waren, stellten sie sich nicht nur auf seine Seite in seinem Konflikt mit den Römern, sondern sie benahmen sich ungehörig gegenüber den Römern, so dass bestimmte Personen sich verschworen Dreck auf die römi-schen Botschafter zu schütten wenn sie an ihren Häusern vorbei gingen. Jedoch mussten sie für dieses und andere vergehen bald den Preis bezahlen. Eine stattliche Armee wurde dorthin gesandt, und die Stadt dem Erdboden gleich gemacht... Nachdem nun Korinth für eine lange Zeit Wüste gelegen hatte, wurde es durch den göttlichen Caesar wegen seiner günstigen Lage wieder aufgebaut. Er kolonisierte es mit Leuten die meistens aus der Klasse der freigelassenen kamen.[70]

Die Wahrheit ist also dass das griechische Korinth mit seinem Aphroditetempel und seinen tausenden von Prostituierten vollständig zerstört wurde, und dass die Stadt verwüstet lag, bis sie um 44 vor Christus von Julius Caesar als ein neues Korinth wieder aufgebaut wurde. Dieses neue Korinth hatte keinen Tempel der Aphrodite und es war eine römische Kolonie. Das bedeutet das römische Bürger (in diesem Fall vor allem freigelassene Sklaven) sich dort ansiedelten. Das Korinth, das in den Tagen Pauli existierte war also ein römisches Korinth welches keine besondere Reputation für Prostitution oder unmoralisches Treiben hatte.

Abschließend bemerkt Strabo über das römische Korinth:

> Die Stadt der Korinther war dann immer groß und wohlhabend, bereichert durch Männer die sowohl in den Dingen des Staates als auch in den Handwerkskünsten begabt waren. Denn so-wohl hier als auch Sincyon florierte die Künste der Malerei und Bildhauerei sowie allerlei Handwerkskünste am allermeisten. Jedoch war das Land der Stadt nicht sehr fruchtbar, sondern zerklüftet und rau. Wegen dieser Tatsache, nennt jeder Korinth "hervorragend", und sie gebrauchen das Sprichwort, "Korinth es sowohl hervorragend als auch voller Vertiefungen"[71]

In Pauli Tagen war Korinth also nicht länger für seine Prostituierten sondern für seine begabten Handwerker und sein unfruchtbares Land bekannt.

Was ich dir ihr gezeigt habe ist lediglich ein Beispiel für die Geschichtsfälschung welche Theologen nutzen um zu verschleiern was die Schrift wirklich sagt. Ich könnte ganze Bände mit Beispielen von Geschichtsfälschungen in Bibelkommentaren, Studienbibeln, und anderen theologischen Schriften schreiben.

Lasst uns noch ein paar andere Beispiele betrachten.

22 Männer sprachen nicht mit Frauen - und andere Lügen

Leider ist es so, das in den letzten Jahrzehnten die pseudo-historischen Umtriebe der Theologen zugenommen als abgenommen haben. Aber oftmals müssten Christen nicht weiter suchen, als nur in ihrer eigenen Bibel um diese Geschichtsmythen zu entlarven. Nun folgen drei Beispiele.

Sprachen Männer nicht mit Frauen?

Eine der absurdesten Behauptungen die heutzutage vorgebracht werden ist das jüdische Männer Frauen verachtet und daher sich weigerten mit ihnen zu reden.

Diese Behauptung kommt vor allem auf wenn die Kommentatoren Jesu Begegnung mit der samaritischen Frau besprechen, welche wir in Johannes 4. Wären seine Jünger in der Stadt Nahrung kauften, unterhielt sich Jesus mit einer Frau bei einem Brunnen. Die Jünger kehrten zurück, sagt die Schrift:

> *"... und verwunderten sich, dass er mit einer Frau redete.Doch sagte keiner: Was willst du? oder: Was redest du mit ihr?"*Johannes 4:27

Da sagen die Theologen: *"Aha, wir sehen dass die Männer in zwei Tagen auf Frauen herabschauen und sich weigerten mit ihnen in der Öffentlichkeit zu reden! "*Den modernen Kommentatoren zufolge, tat Jesus etwas revolutionär neues, indem er einfach nur mit einer Frau sprach. Und dann argumentieren sie dass Jesus sozusagen die feministische Bewegung gegründet hätte.

Aber was zeigen uns die Fakten im oben genannten Abschnitt? Aus dem Kontext gerissen erscheint der Satz- *Unterdessen kamen seine Jünger und verwunderten sich, dass er mit einer Frau redete.*- ziemlich so an als ob in Jesu Tagen Männer nicht mit Frauen sprachen. Aber wenn wir den gesamten Abschnitt lesen, sehen wir sofort dass dies überhaupt nicht der Grund war.

Der Kontext ist das Jesus und seine Jünger durch Samaria kamen. Während die Jünger im nahegelegenen Sychar Essen kauften. Jesus wartete währenddessen außerhalb der Stadt bei der Quelle. Als einer samaritische Frau kam um aus der Quelle Wasser zu schöpfen, fragte Jesus die nach etwas zu trinken. Diese Frau war erstaunt dass Jesus mit ihr sprach.

Aber warum war die Frau erstaunt? Weil jüdische Männer mit Frauen sprachen? Im Gegenteil. Die Schrift sagt uns ganz genau warum:

> *Nun spricht die samaritische Frau zu ihm: Wie erbittest du als ein Jude von mir etwas zu trinken, da ich doch eine samaritische Frau bin? Denn die Juden haben keinen Umgang mit den Samaritern.*[Johannes 4:9]

Genau hier haben wir die Antwort. Sie hat nicht gesagt: *"Denn die Männer haben keinen Umgang mit den Frauen"* sondern *"Denn die Juden haben keinen Um-*

gang mit den Samaritern." Das merkwürdige war nicht dass ein Mann mit einer Frau sprach, sondern ein Jude mit einer Samariterin.

Als die Jünger aus der Stadt kamen, waren auch sie erstaunt dass Jesus mit einer samaritische Frau spricht. Aber das hat nichts mit dem Geschlecht zu tun. Der Grund für ihre Verwunderung war ihre Nationalität. Das wird deutlich wenn man die folgenden Verse liest. Als die Frau Jesus verließ, "... ließ *die Frau ihren Wasserkrug stehen und lief in die Stadt und sprach zu den Leuten:Kommt, seht einen Menschen, der mir alles gesagt hat, was ich getan habe! Ob dieser nicht der Christus ist?*" Johannes 4:28-29

Die samaritische Frau fühlte sich also frei mit den Frauen UND Männern der Stadt zu sprechen. Da gab es keine Geschlechtertrennung. Haben die Männer empört die Frau abgewürgt die zu ihnen sprach?
Nein, sie gingen hin und taten genau das worum sie gebeten hatte.
Und natürlich weiß eigentlich jeder der seine Bibel aufmerksam gelesen hat, das Männer und Frauen im gesamten Alten und Neuen Testament miteinander sprachen. Jesus tat also nichts ungewöhnliches. In Genesis haben wir eine Situation die sehr ähnlich wie die Begegnung Jesu mit der samaritische Frau ist. Abrahams Knecht ruhte sich an der Quelle außerhalb der Stadt raus. Als eine junge Frau kam um aus der Quelle Wasser zu schöpfen sagte er praktisch dasselbe wie Jesus zu der samaritische Frau:

> *"Da lief der Knecht ihr entgegen und sprach: Lass mich doch ein wenig Wasser aus deinem Krug trinken!*" 1 Mose 24:17

Schreckte die Frau nun zurück und sagte: *"Wie kommt es dass du, der du ein Mann bist mit mir sprichst, die ich doch eine Frau bin. "*
Natürlich nicht:

> *Und sie sprach: Trinke, mein Herr! Und sie ließ den Krug sogleich auf ihre Hand nieder und gab ihm zu trinken.* [1 Mose 24:18]

Daran war nichts Ungewöhnliches dass Männer mit Frauen sprechen. Jakob sprach mit Rahel bevor sie verheiratet waren, und die Männer Israels kamen zu der Prophetin Debora für ihren Richterspruch, Boas sprach mit Ruth und Eli mit Hanna. (Gen. 29:11,12; Richter 4:3–5; Ruth 2:5–11;1 Samuel 1:13–17) ein bemerkenswerter Vorgang bei David zeigt das jüdische Männer Frauen damals nicht als Abschaum betrachteten, sondern mit Achtung. Davids General, Joab, war hinter einem Rebellen Namens Sheba her, der in eine Stadt geflohen war. Joab belagerte dann die Stadt. Und die Schrift sagt uns was als nächstes passiert;

> *Da rief eine weise Frau aus der Stadt: Hört her, hört her! Sagt doch zu Joab: Komm hierher, ich will mit dir reden! Als er sich ihr nun näherte, sprach die Frau: Bist du Joab? Er sprach: Ich bin"s! Sie sprach zu ihm: Höre die Worte deiner Magd! Er sprach: Ich höre!*
> *Da redete sie und sprach: Vor Zeiten pflegte man zu sagen: Man frage doch in Abel, und so kommt man zum Ziel!*
> *Ich bin eine von den Friedfertigen, Getreuen in Israel, und du willst eine Stadt und Mutter in*

Israel umbringen? Warum willst du das Erbteil des Herrn verschlingen?

Joab antwortete und sprach: Das sei ferne, das sei ferne von mir, dass ich verschlingen und verderben sollte!

Die Sache verhält sich nicht so; sondern ein Mann vom Bergland Ephraim namens Scheba, der Sohn Bichris, hat seine Hand gegen den König, gegen David, erhoben. Ihn allein sollt ihr heraus-geben, so will ich von der Stadt abziehen! Die Frau sprach zu Joab: Siehe, sein Haupt soll zu dir über die Mauer geworfen werden!

Und die Frau wandte sich an das ganze Volk in ihrer Weisheit. Da schlugen sie Scheba, dem Sohn Bichris, den Kopf ab und warfen ihn Joab zu. Und er stieß in das Schopharhorn; und sie zogen ab von der Stadt, jeder zu seinen Zelten. Joab aber kehrte wieder zum König zurück nach Jerusalem.[2]
Samuel 20:16-22

Der Bericht geht dann damit weiter das Joab erklärte wen er sucht und die Frau Joab sagte dass die Stadt den Kopf des Mannes an Joab ausliefern würde. Sobald sie dies getan haben hat sich Joab zurück-gezogen. Männer sprachen also nicht nur mit Frauen, sondern würden sich auch kluge Ratschläge von ihnen an.

Elia sprach zu der Witwe in Sarepta und fand auch bei ihr Unterkunft. Und in gleicher Weise sprach Elisa mit der Witwe eines der Propheten Söhne und vollbrachte ein Wunder. Offensichtlich hat also Jesus nichts revolutionär neues getan indem er zu einer Frau sprach.

Nun magst du sagen:" *Aber halt, ich habe gehört das die Rabbis lehrten dass ein Mann nicht einmal mit seiner eigenen Frau sprechen soll wenn er sie in der Öffentlichkeit trifft"*

Ja, solche Behauptungen habe ich auch gehört. Aber hast du jemals von irgendwem eine Quelle für diese Behauptung genannt bekommen? Ich zumindest nicht. Ich habe die Mishna danach durchforstet, und sie gibt keine solche Anweisung. Ich habe auch im Talmud nachgesehen, obwohl dieser 500 Jahre nach Christus entstanden ist. Und auch dort findet sich keine solche Behauptung. Es gibt Anweisungen und Beschränkungen im Talmud in denen es um den zwischen geschlechtlichen Umgang geht. Aber das hat nichts mit Verachtung für die Frauen zu tun, sondern dem richtigen Umgang zwischen den Geschlechtern.

Ist es möglich dass irgendein Rabbi im Mittelalter oder später sagte, dass Männer nicht mit Frauen sprechen sollen?

Ja, ist natürlich möglich. Aber warum sollte uns das interessieren? Es gibt auch jede Menge Zitate von christlichen Bischöfen über alle möglichen Themen. Aber hat das irgendetwas mit den ansichten der Christen des ersten Jahrhundert zu tun? Wohl kaum.

Angst davor "Gott" zu sagen.

Wie viele von euch vielleicht schon geraten haben mögen, habe ich schon vor Jahren aufgehört Bibelkommentare und Studienbibeln zu nutzen, als ich festgestellt habe wie viel Desinformation dort betrieben wird. Im Zuge meiner Recherchen habe ich mir jedoch eine Anzahl von Studienbibeln und kommentaren gekauft oder ausgeliehen um zu sehen was diese heutzutage sagen. Meistens sind es bloß ein paar Seiten, bis ich auf Geschichtsverfälschung oder andere schwere Irrtümer stoße.

So fand ich nach nur ein paar Seiten im *New International Bible Commentary on Matthew* folgende Behauptung:

> "Matthäus benutzt den Begriff "Reich der Himmel" (anstatt Reich Gottes) aus dem semitischen Unwillen den göttlichen Namen auszusprechen"[72]

Wenn der Autor von "*semitischen Unwillen*" spricht, vermute ich das er einen Zusammenhang damit herstellen möchte das Matthäus sein Evangelium ursprünglich vor allem jüdische Leser ansprechen wollte.[73]

Nun ist es wahr dass orthodoxe Juden heutzutage es niemals wagen den göttlichen Namen YHWH auszusprechen und oftmals auch nicht Gott sagen.[74] aber der Kommentator hat den selben Fehler gemacht wie die verschiedenen Kommentatoren beim 1. Korinther in Kapitel 11 gemacht haben. Und das ist zu meinen dass man moderne oder mittelalterliche Praktiken in die neutestamentarische Zeit hinein lesen kann.

Und ich muss schon sagen dass es ironisch von Matthäus gewesen wäre den Begriff "Reich Gottes " konsequent zu vermeiden, er doch den Begriff "Gott" 53 Mal im ganzen Matthäusevangelium benutzt. Im Vergleich dazu verwendete Markus der vor allem die römischen Leser im Auge hatte den Begriff Gott nur 50 Mal.

Außerdem sehen wir im Neuen Testament dass die Juden in Jesu Tagen keine Scheu davor hatten das Wort Gott zu benutzen. So sag denn die ungläubigen Juden zu Jesus:

> "Wir sind nicht unehelich geboren; wir haben einen Vater: Gott!" *Johannes 8:41*

und als Jesus den senden man am Sabbat heilte:

> "Dieser Mensch ist nicht von Gott, weil er den Sabbat nicht hält!" *Johannes 9:16.*

Und dem Pilatus sagt denn die Juden:

> "Die Juden antworteten ihm: Wir haben ein Gesetz, und nach unserem Gesetz muss er sterben, weil er sich selbst zu Gottes Sohn gemacht hat!" *Johannes 19:7*

Die Wahrheit ist dass die Mischna es nicht einmal den Juden verbietet den göttlichen Namen, YHWH, auszusprechen, oder gar das Wort Gott zu sagen. Im Gegenteil, sie regt sogar die Juden an ihre Brüder "im Namen Gottes zu grüßen."[75] Matthäus hat also nicht bewusst den Begriff "Reich Gottes " vermieden um die Juden nicht damit verärgert.

Noch mehr Geschichtsverfälschung

Viele der Geschichtsverfälschungen von heute wurden von Theologen mit der Absicht verfasst den Feminismus zu fördern. Das Problem ist dass Jesus nie direkt etwas gelehrt hat was ihre Agenda stüren würde. Also nehmen die Feministinnen und die theologischen Alliierten derselben jede Gelegenheit in Jesu Leben wo Frauen beteiligt waren und versuchen daraus irgendeine außergewöhnliche Begebenheit zu zaubern. Ein Beispiel dieses Vorgehens haben wir bereits früher gesehen, als wir über die samaritische Frau gesprochen haben. Ein weiteres Beispiel wo die Feministen meinen etwas Revolutionäres zu entdecken ist bei dem Geschlechtsregister Jesu.

Der New International Biblical Commentary sagt über die Genealogie Jesu:

> Eine weitere ungewöhnliche Tatsachen unterscheidet dieses Geschlechtsregister von allen anderen: Es verweist auf fünf Frauen... Und das ist wirklich außergewöhnlich.[76]

Dieselbe Behauptung findet sich in zahllosen Bibelkommentaren und Studienbibeln. Tatsächlich ist an Jesu Geschlechtsregister überhaupt nichts ungewöhnlich, auch nicht die Namen der verschiedenen Frauen. Auch wenn es wahr ist daß die Geschlechtsregister im Buch Numeri ausschließlich die Oberhäupter der Haushalte vermerkt, ist das nicht bei allen alttestamentarischen Büchern der Fall.
So enthalten die Geschlechtsregister von Abraham, Isaak, Jakob und Esau alle Namen von verschiedenen Frauen. Tatsächlich werden in dem Geschlechtsregister Esaus (siehe Genesis 36) mehr Frauen genannt als in dem Geschlechtsregister Jesu.
Und tatsächlich ist das alttestamentliche Buch mit den meisten Geschlechtsregister nicht etwa Numeri oder Genesis, sondern 1. Chroniken. Es enthält die Namen von über 50 Frauen in seinen Geschlechtsregistern.

Hier ein paar Beispiele:

Als Baal-Hanan starb, wurde Hadad König an seiner Stelle, und der Name seiner Stadt war Pagi, und der Name seiner Frau war Mehetabeel, eine Tochter Matreds, der Tochter Me-Sahabs. 1 Chronik 1:50;

... und Isai zeugte seinen Erstgeborenen Eliab, und Abinadab, den zweiten [Sohn], und Schimea, den dritten, Nethaneel, den vierten, Raddai, den fünften, Ozem, den sechsten, David, den siebten. Und ihre Schwestern waren: Zeruja und Abigail. Und die Söhne der Zeruja: Abisai und Joab und Asahel, [insgesamt] drei. Und Abigail gebar Amasa, und der Vater Amasas war Jeter, der Ismaeliter. 1 Chronik 2:13-17

Und Kaleb, der Sohn Hezrons, zeugte [Söhne] mit Asuba, seiner Frau, und mit Jeriot; und das sind ihre Söhne: Jescher, Schobab und Ardon. 1 Chronik 2:18

Und Asuba starb, und Kaleb nahm sich Ephrat zur Frau, und sie gebar ihm Hur. 1 Chronik 2:19

Und das waren die Söhne Davids, die ihm in Hebron geboren wurden: der Erstgeborene Amnon, von Achinoam, der Jesreelitin; der zweite Daniel, von Abigail, der Karmeliterin; der dritte Absalom, der Sohn der Maacha, der Tochter Talmais, des Königs von Geschur; der vierte Adonija, der Sohn der Haggit; der fünfte Schephatja, von Abital; der sechste Jitream, von seiner Frau Egla.
1 Chronik 3:1-3

Und Heber zeugte Japhlet und Schomer und Hotam und Schua, ihre Schwester. 1 Chronik 7:32

Wir sehen, war nichts ungewöhnlich oder neuartig daran, dass Jesu Geschlechtsregister die Namen von 5 Frauen enthielt.

Loslösung vom ursprünglichen Christentum

Ich habe ein paar spezifische Beispiele historische Mythen aufgezeigt die von Theologen kreiert wurden. Aber ihre Geschichtsverfälschung ist lediglich ein Symptom eines Bild tiefergehenden Problem: Ihre Loslösung vom ursprünglichen, historischen Christentum.

23 Ahnungslos über das historische Christentum

Wenn ich sage dass die meisten Theologen ahnungslos sind wenn es um das historische Christentum geht, meine ich dass sie kaum noch eine Bindung zu dem haben was das Christentum ursprünglich repräsentierte. Sie denken noch nicht einmal wie die Christen aus der antiken mediterranen Welt.

Die Grundlage für meine Behauptung ist, dass uns bis heute die Schriften der frühen Christen erhalten geblieben sind. Mit den frühen Christen meine ich jene Christen die kurze Zeit nach den Aposteln gelebt haben. Diese Christen lebten in derselben Kultur wie Paulus und die anderen Apostel, sie sprachen dieselbe Sprache.

Mit anderen Worten: Wir müssen keine Mutmaßungen anstellen was sie glaubten, denn durch ihre Schriften sagen sie selbst uns wie sie das Neue Testament verstanden.

Ich habe die frühen gestern zu meinem besonderen Studienfeld für die meiste Zeit meines erwachsenen Glaubenslebens gemacht. Und ich bin so kühn zu behaupten dass niemand ihre Schriften lesen und sie mit dem was moderne Theologen geschrieben haben verwechseln könnte. Ebensowenig kann das was berühmte Theologen der weiteren Kirchengeschichte geschrieben haben mit dem verwechseln was die

Christen geschrieben haben die innerhalb von ein oder zwei Generationen nach den Aposteln geschrieben haben.

Eine der stärksten Belege dafür ist dass die meisten modernen Christen- und die meisten von uns sind mit den Lehrern von Theologen aufgewachsen - die Schriften der frühen Christen unerwartet befremdlich und erstaunlich finden wenn sie diese das erste Mal lesen. Sie sind schockiert wenn sie sehen dass die frühen Christen so wenig von meisten geschätzten Lehren der heutigen Kirche wussten. Oft höre ich aussagen wie:" Die frühen Christen waren mit ihren Ansichten ziemlich durcheinander."

Doch kommt es den meisten modernen Christen nicht in den Sinn dass die primitive Kirche die heutige Christenheit nicht weniger verwirrend und sonderbar finden würde. Ich denke das nicht die ungebildeten und gewöhnlichen Christen die so nah am Zeit der Apostel dran waren verspult waren, sondern dass die heutige Kirche und ihre Theologen durcheinander sind.

Viele Christen haben heutzutage vertreten die eingebildete Ansicht dass der Apostel Johannes sich total fehl am Platz fühlen würde wenn er zum Beispiel in eine der Gemeinden des zweiten Jahrhundert gehen würde in denen Ignatius oder Polycarp (beides Männer die Johannes zur Jüngerschaft geführt hatte) die Pastoren waren. Sie haben die Vorstellung dass diese eine vollkommen andere Theologie hatten, verschieden in ihre Anbetung waren, sonderbar argumentierten, und sogar das Griechische ganz anders verstanden als er.

Auf der anderen Seite jedoch, denken moderne Christen das Johannes sich in einer heutigen konservativen evangelikalen Gemeinde sofort wie zu Hause fühlen würde. Und dass er feststellen würde dass die westlichen Christen des 21 Jahrhundert genauso ticken wie die Christen des ersten Jahrhundert die in der mediterranen Welt lebten. Was sie denken er würde feststellen dass die heutigen westlichen Christen in der gleichen Weise anbieten wie er es getan hat, und dass die theologischen Ansichten mit seinen übereinstimmen würden. Und sie haben die Vorstellung, dass die heutigen Theologen das Koine-Griechisch genauso verstehen würden wie er es tat.

Wenn du denkst dass dies die Realität ist, muss dir leider sagen, träum weiter.

Die Qualifikationen für einen Pastor oder Bischof in Pauli Tagen war nicht nur"gastfreundlich, das Gute liebend, besonnen, gerecht, heilig, beherrscht" zu sein, sondern auch *"einer, der sich an das zuverlässige Wort hält, wie es der Lehre entspricht, damit er imstande ist, sowohl mit der gesunden Lehre zu ermahnen als auch die Widersprechenden zu überführen."* Titus 1:8-9

Mit anderen Worten in der Kirche des ersten Jahrhundert gab es keinen Platz für Leute die ausgeklügelte theologische Neuerungen einführen wollten. Kann der christliche Glaube war in Pauli Tagen schon vollkommen. Das einzige was nötig war, das Christen an dem festhielten was sie gelehrt worden waren.

Und das war der einzige Anspruch der Christen des zweiten Jahrhunderts: Festhalten an dem was die Apostel ihnen überliefert hatten. Die einzigen Kirchenväter die sie kannten waren Jesus und seine Apostel. Für sie waren theologische Neuerungen gleich-bedeutend mit Irrlehre.

Heutzutage ist das nicht mehr so. Die Männer die in der heutigen Kirche am höchsten angesehen sind, sind theologische Innovatoren. Der bekannte Kirchen Historiker Philipp Schaff macht es folgende Feststellung:

> Die Männer, die nach den Apostel den größten Einfluss auf die christliche Kirche ausgeübt haben und immer noch ausüben, wie Augustinus, Martin Luther, und Johannes Calvin: All diese sind Schüler des Paulus" [77]

Schaff meinte das als Kompliment, aber eigentlich ist es sehr bezeichnend. Bezeichnend für jene Theologen und institutionellen Kirchen die ihnen folgten.
Es ist sehr interessant, das trotz seiner großen Bewunderung für diese Männer, Schaff sich nicht dazu durchringen konnte sie als Schüler Jesu zu bezeichnen. Denn die simple Wahrheit ist dass sie das nicht waren. Genau genommen waren sie auch nicht einmal Schüler des Paulus. Sie haben Paulus neu interpretiert. Sie haben Paulus aus dem Kontext isoliert und ihn zu einem Lehrer gemacht der über seinem Meister steht.
Nun stellt sich mir die Frage: Wenn diese Männer kaum den historischen Glauben predigten, warum sind sie so prominent? Warum hatten sie solch einen

Einfluss? Warum sind sie und ihre Schriften solche Autoritäten, wenn sie nur das wiederholen was vom Anfang an gelehrt wurde? Nun Tatsache ist dass die Theologen wie Augustinus so berühmt sind weil sie Dinge gelehrt haben die niemand vor ihnen jemals gelehrt hat. Wenn das was sie gelehrt haben lediglich der historische Glaube war, und das war was Christen immer glaubten, warum kann dann niemand Schriften von irgendwelchen anderen Christen vorweisen die vor ihnen genau dasselbe lehrten wie diese Theologen?

Als Luther seine Gegenspieler beschuldigte dass sie ein neues Evangelium erschaffen hätten, verteidigte er sich mit der Aussage: *"Es hat vor mir Ambrosius, Augustinus und viel andere gesagt."*[78]

Und Luther hatte recht wenn er behauptete dass Augustinus ein ähnliches Evangelium bereits zuvor gepredigt hatte. Jedoch war es eine neue Lehre in den Tagen des Augustinus, und nur die wenigsten Christen nahmen sie an. Das zeigt uns auch auf welch dünnem Eis sich Luther damit befand dass er sich von Augustinus als Vorbild abhängig machen musste.

Augustinus lebte circa 400 Jahre nach Christus. Und wie wir bereits gesehen haben, war Augustinus ein Paradebeispiel für einen christlichen Innovator. Also jemand der dachte er wüsste besser Bescheid als alle die im vorangegangen waren. Luther hat sich also zurecht in derselben Kategorie wie Augustinus eingeordnet.

Jedoch war Luther nicht ganz ehrlich mit seiner Behauptung, dass Ambrosius, ein Bischof des vierten Jahrhunderts, dieselbe Lehre vertrat wie er.

Sicherlich kann eine Person könnte Aussagen hier und dort aus Ambrosius' schriften ziehen und sie so darstellen als ob er mit Luther in Übereinstimmung gewesen wäre.

Wenn sich jemand jedoch Ambrosius's Gedanken über die Errettung in seiner Gesamtheit durchliest wird schnell klar dass er nicht einmal im Ansatz dasselbe Evangelium predigte wie Luther. So schrieb Ambrosius:

> Der Herr fährt fort:"Wer mich verachtet und meine Worte nicht annimmt, der hat seinen Richter." scheint dir denn nun, derjenige die Worte Christi annimmt, der sich nicht bekehrt? Sicherlich scheint es Dir nicht so. Aber wer sich bekehrt, der nimmt das Wort des Herrn an; jedes Wort, nach welchem " ein jeglicher sich abwenden soll von seiner Schuld." entweder musst du diesen Ausdruck des Herrn aus seinen Worten tilgen, oder wenn du ihn nicht leugnen kannst, musst du ihn akzeptieren.
> Danach musst also doch auch derjenige wohl die Gebote des Herrn beobachten, zu sündigen aufhört, der von seinen vergebungen ablässt.[79]

Wen sonst konnte Luther als Vertreter seines Evangeliums anführen? Die Wahrheit ist er konnte niemand sonst anführen. Stattdessen behauptete er einfach es seien *"viele andere"* gewesen. Wenn es " *viele andere* " gewesen wären dürfte Luther keine Schwierigkeiten gehabt haben sie namentlich zu benennen. Denn im Gegensatz dazu hätte jemand der den historischen Glauben vertritt keine Probleme viele treue Christen namentlich zu nennen die dieselbe Lehre vertraten. Und er muss dafür sich nicht auf jemanden berufen der aus der Klasse der Theologen stammt. Er könnte die Christen zitieren, welche lebten bevor es überhaupt christliche Theologen gab.

Weil der Glaube der von den Aposteln überliefert wurde so einfach war, sollten wir alle neuen Dokument offen hinterfragen die über die simple Lehre hinausgehen. Wenn es im Bezug auf einen Glaubensinhalt keine ungebrochene Linie bis in das Ende des Ersten Jahrhunderts gibt, können wir kaum behaupten dass es der historische Glaube ist.

Den Glauben wiederherstellen?

Leute die versuchen Theologen wie Luther und Calvin zu verteidigen, stellen schnell fest dass sie ihre Lehre nicht bis zu den Aposteln zurückverfolgen können. Diese Männer haben einfach nicht den historischen Glauben verteidigt, wie er von Anfang an existierte. Ihre Verteidiger berufen sich also darauf dass diese Männer den *"historischen Glauben wiederhergestellt haben"*. Das heißt, ihre Verteidiger geben die absurde Erklärung ab, dass die Männer denen von den Aposteln die Leitung über die Kirche übertragen wurde, völlig versagten. Angeblich verloren sie wichtige theologische Glaubenslehren; sie verloren die Essenz dessen was das Christentum angeblich sei; und scheinbar haben sie auch ihre Kenntnis des Griechischen verloren.

Das ist eine erstaunliche Behauptung. Mit anderen Worten ist das nichts anderes als zu sagen, dass die Männer die Jesus selbst handverlesen ausgesucht hatte um seine Kirche zu bauen und zu verbreiten-welche als die zwölf Säulen der Gemeinde bezeichnet werden *(Offenbarung 21:14)* einen so schlechten Job gemacht haben, dass das wahre Christentum nicht einmal eine Generation nach den Aposteln überstand. Und das ist besonders erstaunlich wenn man bedenkt dass Luthers und Calvins Evangelium sich auch 500 Jahre nach ihrem Ableben immer noch hält. Sollten wir wirklich glauben dass diese Männer in der Lage waren das zu erreichen wozu die inspirierten Apostel unfähig waren?

Jesus versprach seinen Aposteln: *"Und siehe, ich bin bei euch alle Tage bis an das Ende der Weltzeit! Amen."* Matthäus 28:20 wenn wir das Evangelium vom Reich Gottes annehmen, welches Jesus gepredigt hat müssen wir keine fiktiven Szenarien über eine angeblich verschwundene Kirche einführen. Wenn es gab von Anfang an bis heute immer *"Kingdom Christians"*, Christen die [im/das] Reich Gottes leben. Sie brauchen keine Fakeszenarios und sie müssen auch nicht zu theologischen Innovatoren werden.

Das Evangelium vom Reich Gottes war das vorherrschende Evangelium, das von der Mehrheit der Christen im zweiten und dritten Jahrhundert geglaubt und gepredigt wurde. Und es gibt genügend Zeugen für diese Tatsache auch wenn die Theologen das Evangelium vom Reich Gottes aus der Mitte des institutionellen Christentums im vierten Jahrhundert verdrängt haben so gab es doch immer noch genügend "Kingdom Christians". Wie ich bereits erwähnt habe, meine ich mit diesen Begriff Christen welche die zentrale Bedeutung des Reiches Gottes schon in diesem Leben anerkennen. Sie realisieren dass das Reich Gottes nicht mit einem der irdischen Reiche verschmolzen werden an. Und diese sind auch die Christen, welche durch die Gnade Gottes hingebungsvoll nach den Geboten Jesu leben- besonders nach der Bergpredigt.

Christen die [im/das] Reich Gottes leben wurden seit dem 4. Jahrhundert nach Chr. , verfolgt und ausgegrenzt, aber sie sind nie verschwunden. Es gibt keine berühmten Theologen des " Kingdom Christianity", und es wird sie auch niemals geben. Das Evangelium vom Reich Gottes kann bis zum Anfang zurück verfolgt werden weil es der echte historische Glaube ist.

24 Die Früchte der Theologen

In seinem Gleichnis vom Weinstock und der Rebe erklärt Jesus wie das Christentum funktioniert:

> Ich bin der wahre Weinstock, und mein Vater ist der Weingärtner. Jede Rebe an mir, die keine Frucht bringt, nimmt er weg; jede aber, die Frucht bringt, reinigt er, damit sie mehr Frucht bringt. *Johannes 15:1-2*

So wie sich auch jüdische Theologen irrigerweise einbildeten dass sie Gott zufriedenstellen könnten ohne göttliche Früchte zu bringen, haben auch christliche Theologen sich verschiedene Systeme ausgedacht die das ewige Leben versprechen, aber ohne die Notwendigkeit die Früchte des Reiches Gottes zu bringen.

Luther glaubte dass das vorrangige Problem der katholischen Kirche sei, dass Katholiken versuchen sich ihren Weg in den Himmel zu verdienen. Tatsächlich war das wahre Problem der katholischen Kirche in Luthers Tagen dass sie ohne echte Früchte Christi den Leuten den Himmel versprach. Katholiken glaubten sie könnten irgendwie das ewige Leben erhalten, wenn sie auf Pilgerreisen gingen, Reliquien betrachteten, oder die Messe besuchten und wenn sie päpstliche Ablässe und Absolution erhielten. Es ist egal ob eine Person diese Dinge als Werke oder gefälschte Gnade bezeichnet, sicher ist, es sind keine

Früchte des Reiches Gottes.

Und was war Luthers Angebot Anstelle des katholischen Systems auch ohne geheiligte Früchte in den Himmel zu kommen? Sein Angebot war ein protestantisches System, welches gleichermaßen ohne geheiligte Früchte ein Ticket in den Himmel versprach.

Anstelle von Pilgerfahrten und Ablassbriefen, bot Luther theologische Dogmen. Stimme dem Dogma von Errettung durch Glauben allein zu und verpflichte dich diesem, du wirst gerettet. Auch ganz ohne geheiligte Früchten eine Bedeutung beizumessen.

Unheilige Frucht

Tatsächlich dachte Luther das geheiligte Früchte automatisch folgen würden wenn eine Person sein Evangelium annimmt. Irgendwie bleibt diese Frucht fast immer aus. Selbst Professor Schaff der ein großer Bewunderer Luthers und ein Anhänger der Reformatoren war, musste zugeben:

> Es lässt sich nicht leugnen dass die Reformation in Deutschland von antinomianischen tendenzen begleitet wurde und dass diese ihr folgten, ich bin so wie ein Verfall der gesellschaftlichen Moral. Das ruht nicht nur in dem feindseligen Zeugnis der Romanisten und Separatisten, sondern Luther und Melanchthon haben sich in ihren späteren Jahren selbst oft bitterlich über den Missbrauch der Freiheiten des Evangelium und

den traurigen Zustand der Moral in Wittenberg und ganz Sachsen beklagt [80]

So schrieb Luther selbst:

> *Ich halte, es müsste also sein, dass die,die evangelisch werden, ärger sind nach dem Evangelium denn sie zuvor, vor dem Evangelium, gewesen sind. Wir erfahren leider täglich, dass die Leute jetzt unter dem Evangelium größern und härtern Hass und Neid tragen, ärger sind mit Geizen, Scharen, Kratzen, denn je zuvor unter dem Papsttum. Je mehr und länger das Evangelium gepredigt wird desto Ärger wird es* [81]

Als sich sein Leben dem Ende näherte, lamentiert Luther über die verdorbene Moral in Wittenberg, der Stadt in der Luther lebte und wo seine Reformation begonnen hatte, in einem Brief an seine Frau:

> *Vielleicht wird Wittenberg, wie sich anlässt, mit seinem Regiment nicht St.Veits Tanz, noch Johannis sondern den Bettlertanz, oder Beelzebubs hans kriegen, wie sie angefangen haben die Frauen und Jungfrauen hinten und vorne zu entblößen, und niemand ist, der da strafe und wehre, und wird Gottes Wort dazu gespottet. Nur weg aus diesem Sodom.... Ich habe auf dem Lande mehr gehört, als nicht zu Wittenberg erfahre, warum bin ich der Stadt müde und will nicht wiederkommen, wozu mir Gott helfe.* [82]

Philip Melanchthon, Luthers rechte Hand und sein Nachfolger, bekannte:

> *"Die Sitten der Menschen sind schlimmer geworden. Prunk, Zügellosigkeit und Kühnheit nehmen stetig zu."* [83]

Die Wahrheit ist dass das lutherische Deutschland nicht mehr Früchte des Reiches Gottes hervorbrachte als das katholische Deutschland. Die Früchte wurden sogar noch weniger.

Durch das katholische Deutschland gab es Jahrhunderte voller Krieg. Das lutherische Deutschland tat dasselbe, bis hin zum Zweiten Weltkrieg. Wie Jesus sagte:

> *"Ein guter Baum kann keine schlechten Früchte bringen, und ein schlechter Baum kann keine guten Früchte bringen."* Matthäus 7:18

Sowohl das katholische als auch das lutherische Deutschland waren verdorbene Bäume.

Vielleicht denkst du jetzt: *"Nun, vielleicht war das Problem dass die meisten Menschen im lutherischen Deutschland niemals die reformierte Theologie angenommen haben. Warum ver weißt du denn nicht an stattdessen auf die persönlichen Früchte der Reformatoren?"*

Nun, tatsächlich haben die Menschen im lutherischen Deutschland die reformierte Theologie sehr wohl angenommen. Das Problem ist dass sie niemals Christus angenommen haben. Und es war Luther selbst der Melanchthon anwies " kräftiglich zu sündigen"[84]

Aber lasst uns das Leben und Wirken der Reformatoren betrachten.

Die persönlichen Früchte der Reformatoren

Luther sagte einst das es keine schlimmere Häresie für einen Christen gäbe als zu glauben dass er gut genug oder gerecht genug sei um Erlösung zu verdienen. Natürlich ist das ein schwerwiegende theologischer Irrtum. Aber dennoch gibt es weitaus schwerwiegendere Häresien. So ist es weitaus schlimmer andere ist die umzubringen, und sich einzureden dass Gott daran Gefallen findet.

Basierend auf der Billigung und Rechtfertigung durch Augustinus, hat die katholische Kirche Christen, Juden und Muslime über Jahrhunderte hinweg abgeschlachtet und gefoltert. Wenn es etwas gibt dass wir von einer wahren Reformation erwarten würden, so wäre es dass sie solch einer monströsen Sünde und Lästerung gegen Christus ein Ende setzt.
Aber das war keine Errungenschaft der Reformation. So hatten alle der prominenten Reformatoren Blut an ihren Händen.

Der schweizer Reformator Zwingli, ordnete persönlich die Ermordung jener unschuldigen Christen an, die eine radikalere und konsequentere Reformation als er predigten und lebten. Calvin forderte Tod und Folter für viele Menschen die sich nicht hinter seine Genfer Reformation stellten und ihm widersprachen.
So ließ er Michael Servetus verhaften und hinrichten, einzig und allein aus dem Grund dass er ein fehlerhaftes Bild von der Trinität hatte.

Calvin's rechte Hand selbst, Wilhelm Farel, schaffte Servetus zum Scheiterhaufen, und sah mit Genugtuung zu als Servetus qualvoll starb.

Philip Melanchthon, Luthers Nachfolger in Deutschland, begrüßte von ganzem Herzen den Mord an Servetus und schrieb Calvin sogar einen Brief der Anerkennung. So schrieb Melanchthon:

> " Verehrter Herr und Lieber Bruder, ich habe euer Werk gelesen in welchem ihr die furchtbaren Gotteslästerung des Servetus anschaulich widerlegt habt, und ich danke dem Sohn Gottes, der der Schiedsrichter in eurem Wettlauf war. Die Kirche sagt euch Dank und wird Euch in Zukunft Dank sagen. Eure Amtspersonen haben recht gehandelt, als sie diesen Gotteslästerer nach einer ordentlichen Verhandlung zum Tode verurteilten.[85]

Im vorangegangenen Kapitel habe ich Schaff zitiert der Luther und Calvin als "Schüler Pauli" bezeichnet hat. Dazu kann ich nur sagen dass diese Männer und ihre Genossen, wenn sie Schüler des Paulus waren, Schüler des unbekehrten Paulus gewesen sind der bei der Steinigung des Stephanus dabei war und dieser zustimmte.

Luthers eigene Frucht

Man muss nur Luthers eigene Schriften selbst lesen um zu sehen welche Geist den Reformator antrieb und dass dort ein anderer Geist als der Geist Christi am Werk war.

Erasmus beurteilte Luther richtig als er schrieb:

*Die menschliche Vernunft lehrt mich das ein
Mann die Sache Gottes nicht ernsthaft
voranbringen kann, der so großen Aufruhr in der
Welt auslöst und Freude in Misshandlung und
Sarkasmus findet- und gar nicht genug davon
bekommen kann. Solch ein Maß an Arroganz
welche bis dato unten übertroffen ist kann nicht
ohne einige Torheit sein. Solch ein aufge-brachtes
Individuum ist überhaupt nicht im Einklang mit
dem Apostolischen Geist.*

In Kapitel 15 haben wir einige Beispiele der Dinge
gesehen über die Erasmus sprach. Immer und immer
wieder setzte Luther zu wütende Tiraden gegen seine
Gegner an, goss Spott über sie aus und machte sie
lächerlich und bewarf sie mit den heftigsten Schmäh-
ungen.
So nannte er Erasmus den *"Feind der wahren Religion"*,
und einen " offenen Gegenspieler Christi" eine *"verfluchte
Kreatur "* und *"Erasmus ist der nichtswürdige Ungläubige
der jemals die Erde schändete"* [87]

Einmal sagte Luther sogar: *"Wenn ich bete, so bete ich
um einen Fluch auf Erasmus"*[88]
Als Erasmus starb, zögerte Luther nicht ihn für auf
immer verloren zu erklären. Es war nicht nur
Erasmus, der Papst, oder die Anabaptisten welche
Luthers Zorn zu spüren bekamen.
Er griff auch viele seiner Mitreformatoren persönlich
scharf an, so etwa Zwingli. Dies tat er weil sie das Brot
und den Wein in der Kommunion als Symbole
betrachteten, während Luther glaubte dass Christus

realpräsent in einem übernatürlichen Sinn sei. Luther nannte diese Männer Gotteslästerer, Heuchler, Feiglinge, Lügenmäuler, Häretiker, Seelenfresser und Sünder zum Tode.[89]

Er feierte Zwinglis Tod, und nannte es ein Gericht von Gott [90]. Er polterte:

> *Viel lieber, sage ich, wollt ich mich hundert mal lassen zureißen oder verbrennen, ehe ich wollte mit Schwenckfeld, Zwingli, Carlstadt, Oeko- lampad und wer Sie mehr sind, die leidigen Schwärmer, eines Sinnes oder Willes sein oder in ihre Lehre bewillige.[91]*

Nicht nur für seine theologischen Gegner hatte Luther das Gift reserviert dass er versprühte. Als die Bauern gegen die brutale und gottlose Behandlung aufstanden die sie durch die Hände der lutherischen Adligen erfuhren, forderte er die Edlen auf die Bauern ohne Gnade abzuschlachten. Und die edlen verschwendeten keine Zeit Luthers Ratschlag zu folgen, und tötet dann bis zu 100000 Bauern.[92]

In späteren Jahren rühmte sich Luther schamlos:

> *Ich Martin Luther schlug all die Bauern in dem Aufstand, ich sagte sie sollen geschlachtet werden. All ihr Blut ist auf meinem Haupt. Aber ich werfe es auf Gott den Herrn, welcher mir geht's gut in dieser Weise zu reden![93]*

Zu Beginn seiner Reformation war Luther so sicher dass er das ursprüngliche Christentum wieder hergestellt hatte, dass er überzeugt war dass die Juden nun endlich zu Christus kommen.

Als diese Annahme sich nicht erfüllte, wandte sich Luther mit glühenden Zorn gegen die Juden. Im Jahr 1543 schrieb Luther das Werk *"Von den Juden und ihren Lügen "* welches er an die deutschen Fürsten richtete, und indem er sie aufforderte mittel der Gewalt gegen die Juden anzuwenden. Er schrieb:

Was wollen wir Christen nun mit diesem verworfenen, verdammten Volk der Juden tun? Zu ertragen ist es uns nicht, seitdem sie bei uns sind und wir solch Lügen, Lästern und Fluchen von ihnen wissen, damit wir uns nicht aller ihrer Lügen, Flüche und Lästerungen teilhaftig machen. So können wir das unlöschbare Feuer des göttlichen Zorns (wie die Propheten sagen) nicht löschen noch die Juden bekehren. Wir müssen mit Gebet und Gottesfurcht eine scharfe Barmherzigkeit üben, ob wir doch etliche aus der Flamme und Glut erretten könnten; rächen dürfen wir uns nicht, sie haben die Rache am Halse, tausendmal ärger als wir ihnen wünschen mögen.
Ich will meinen treuen Rat geben.

Erstlich, daß man ihre Synagogen oder Schulen mit Feuer anstecke und, was nicht verbrennen will, mit Erde überhäufe und beschütte, daß kein Mensch einen Stein oder
Schlacke sehe ewiglich. Und solches soll man tun unserm Herrn und der Christenheit zu Ehren, damit Gott sehe, daß wir Christen seien und solch öffentlich Lügen, Fluchen und Lästern seines Sohnes und seiner Christen wissentlich nicht

geduldet noch gewilligt haben.

Denn was wir bisher aus Unwissenheit geduldet haben (ich habs selbst nicht gewußt), wird uns Gott verzeihen; nun wirs aber wissen und sollten darüber frei vor unserer Nase den Juden ein solches Haus schützen und schirmen,worin sie Christum und uns verleumden, lästern, fluchen, an-speien und schänden, wie droben gehört, das wäre ebensoviel, als täten wirs selbst und viel ärger, wie man wohl weiß. Moses schreibt, daß, wenn eine Stadt Abgöttereitriebe, man sie mit Feuer ganz zerstören und nichts davon übriglassen sollte. Und wenn er jetzt lebte, so würde er der erste sein, der die Judenschulen und -häuser ansteckte, Denn er hat gar hart geboten, sie sollen nichts zu- noch abtun von seinem Gesetze, und es sei Abgötterei, Gott nicht gehorchen. Nun ist der Juden Lehre jetzt nichts andres als eitel Zusätze der Rabbinen und Abgötterei des Ungehorsams, gleichwie bei uns unter dem Papsttum die Bibel unbekannt geworden ist.

Zum zweiten: daß man ihre Häuser desgleichenzerbreche und zerstöre, denn sie treiben ebendasselbe darin, das sie in ihren Schulen treiben. Dafür mag man sie etwa unter ein Dach oder Stall tun wie die Zigeuner, auf daß sie wissen, sie seien nicht Herren in unserm Lande, wie sie rühmen, sondern in der Verbannung und gefangen, wie die ohne Unterlaß vor Gott über uns Zeter schreien und klagen. Zum dritten: daß man ihnen alle Betbüchlein und Talmudisten nehme, worin solche Abgötterei, Lügen, Fluch und Lästerung gelehrt wird.

Zum vierten: daß man ihren Rabbinern bei Leib und Leben verbiete, hinfort zu lehren, denn solches Amt haben sie mit allem Recht verloren, weil sie die Juden mit dem Spruch Moses' gefangenhalten, wo er gebietet, sie sollen ihren Lehrern bei Verlust Leibes und der Seelen gehorchen, während doch Moses klar beisetzt: was sie dich lehren nach dem Gesetz des Herrn. Solches übergehen die Bösewichter und brauchen des armen Volks Gehorsam zu ihrem Mutwillen wider das Gesetz des Herrn, gießen ihnen solches Gift, Fluch und Lästerung ein.

Zum fünften: daß man den Juden das Geleit und Straße ganz und gar aufhebe, denn sie haben nichts auf dem Lande zu schaffen, weil sie nicht Herrn noch Amtleute noch Händler noch desgleichen sind; sie sollen daheim bleiben. Ich lasse mir sagen, es solle ein reicher Jude jetzt mit zwölf Pferden reiten und wuchert Fürsten, Herren, Land und Leute aus, daß große Herren scheel dazu sehen. Werdet ihr Fürsten und Herrn solchen Wucherern nicht die Straße ordentlicherweise verlegen, so möchte sich etwa eine Reiterei wider sie sammeln, weil sie aus diesem Büchlein lernen werden, was die Juden sind und wie man mit ihnen umgehen und ihr Wesen nicht schützen solle. Denn ihr sollt und könnt sie auch nicht schützen, ihr wolltet denn vor Gott alles ihres Greuels teilhaftig sein. Was daraus Gutes kommen möchte, das wolltet wohl bedenken und verhüten.

Zum sechsten: daß man ihnen den Wucher verbiete und ihnen alle Barschaft und Kleinod an
Silber und Gold nehme und zur Verwahrung
beiseitelege. Und dies ist die Ursache: alles, was
sie haben, haben sie uns gestohlen und geraubt
durch ihren Wucher, weil sie sonst kein andres
Gewerbe haben. Solches Geld sollte man dazu
brauchen (und nicht anders), wenn ein Jude sich
ernstlich bekehrte, daß man ihm davon vor die
Hand hundert, zweihundert, dreihundert Gulden
je nach der Person gebe, womit er ein Gewerbe für
sein arm Weib und Kindlein anfangen möge und
die Alten und Gebrechlichen damit unterhalte,
denn solch böse gewonnenes Gut ist verflucht,
wenn man's nicht mit Gottes Segen zu gutem
nötigem Gebrauche wendet.

Zum siebenten: daß man den jungen starken
Juden und Jüdinnen in die Hand gebe Flegel, Axt,
Karst, Spaten, Rocken, Spindel und lasse sie ihr
Brot verdienen im Schweiß der Nase. Denn es
taugt nicht, daß sie uns verfluchte Gojim im
Schweiß unseres Angesichts wollten arbeiten
lassen, und sie, die heiligen Leute, wolltens hinter
dem Ofen mit faulen Tagen und Feisten verzehren
und darauf lästerlich rühmen, daß sie der Christen Herrn wären von unserm Schweiß, sondern
man müßte ihnen das faule Schelmenbein aus
dem Rücken vertreiben. Sorgen wir uns aber, daß
sie uns an Leib, Weib, Kind, Gesind, Vieh usw.
Schaden tun möchten, wenn sie uns dienen oder
arbeiten sollten, weil es wohl zu vermuten ist, daß
solch edle Herrn der Welt und bittere Würme,

> *keiner Arbeit gewohnt, gar ungern sich so hoch*
> *demütigen würden unter die verfluchten Gojim,*
> *so laßt uns bei gemeiner Klugheit der andern*
> *Nationen, wie Frankreich, Hispanien, Böhmen*
> *usw., bleiben und mit ihnen rechnen, was sie uns*
> *abgewuchert und danach gütlich geteilt, sie aber*
> *für immer zum Lande ausgetrieben. Denn, wie*
> *gehört, Gottes Zorn ist so groß über sie, daß sie*
> *durch sanfte Barmherzigkeit nur ärger und ärger,*
> *durch Schärfe aber wenig besser werben. Darum*
> *immer weg mit ihnen.*[95]

Wir sehen also, wie Christen sich benehmen sollten ist, dass sie Synagogen niederbrennen und Juden verfolgen. Das sollen wir tun *" damit Gott sieht dass wir Christen sind"* und Luther nannte sich selbst einen christlichen Lehrer? Warum, er verstand noch nicht einmal die einfachsten Grundsätze vom Reich Gottes. Luthers mörderischer und hasserfüllter Geist war die Frucht seiner eigenen Lehre. Vergeblich stellte er sich vor:

> *Es genügt dass wir durch den Reichtum der*
> *Herrlichkeit Gottes das Lamm erkannt haben,*
> *dass die Sender der beträgt von dem wird uns*
> *keine Sünde hin wegschmeißen können wenn wir*
> *auch tausendmal, 1000 mal an einem Tag*
> *Geburten oder töteten. Meinst du es sei ein*
> *geringer Preis und eine kleine Bezahlung für*
> *unsere Sünde gegeben durch ein solches und so*
> *großes Lamm.*[96]

Luthers Gedanken ist das einzige was uns von Christus trennen könnte zu einer falschen Theologie zu halten, und dass Gott sich mehr für unsere Theologie interessiert als für unsere Früchte.

Das ist nicht das Denken Jesu sondern das Denken eines Menschen dem das Reich Gottes komplett fremd ist. Dies ist das Denken von "Doctrinianity", dem Dogmatum- nicht dem Christentum.

Während ich dieses Kapitel schrieb, gab es ein eine dramatische Meldung in den Nachrichten. Die Nachrichten betrafen George Sodini, einem 48 Jahre alten Mann der in Pittsburgh in ein Fitnessstudio ging und wahllos Frauen während ihrer Aerobic-stunde erschoss. Er tötete drei Frauen und Verwundete neun weitere bevor er sich sein Leben nahm.

George Sodini jedoch war kein gewöhnlicher Massenmörder. Er war das Produkt von Luthers Lehre von der billigen Gnade, ein Beispiel für jemanden der Luthers Ratschlag *"kräftig zu sündigen"* nur allzu ernst nahm. Bevor er sein schreckliches Verbrechen beging, schrieb Sodini warum er tun würde was er tat. Es war eine Botschaft die vorgelesen werden sollte nachdem er tot wäre. Darin sagte er:

> *"Bald werde ich Gott und Jesus sehen. Zumindest ist es das was ich gelehrt wurde. Das ewige Leben hängt nicht von den Werken ab. Wenn es davon abhinge, würden wir alle in die Hölle kommen. Christus hat für JEDE unserer Sünde bezahlt. Und wie könnte uns Gott nun also für eine Sünde richten, für die die Strafe bereits bezahlt war. Menschen richten, aber das ist irrelevant. Ich habe die Bibel und "The Integrity of God" gestern gelesen, da ich sie bald sehen werde.*[97]

Wie viele andere gehörte George Sodini zu einer
Religion. Aber seine Religion war nicht das Christentum. Es war" Doctrinianity"
Er "wusste" schon dass er in den Himmel kommen
würde das auch nachdem er sein furchtbares
Verbrechen begangen hat denn schliesslich hielt er
zu der " richtigen" Lehre".

25 Zu welcher Religion gehörst du?

Nun lass mich dir eine Frage stellen. Zu welcher Religion gehörst du? Gehörst du zum Christentum oder bist du ein Teil des Doctrinianity, des Dogmatums? Falls du keine sehr ungewöhnliche Persönlichkeit bist, denke ich dass deine Antwort sein wird: "Zum Christentum!
Um ehrlich zu sein, habe ich noch keine Person kennengelernt die sich offen zum Dogmatum bekennen würde.

Also lass mich eine andere Frage stellen: Nehmen wir mal an du stehst vor den Toren des Himmels und Jesus fragt dich: "Warum sollte ich dich reinlassen?" was wäre deine Antwort?

Vielleicht erkennst du diese Frage, als die Frage die Christen regelmäßig Ungläubigen bei Zeugnisgabe und Evangelisation stellen. Und ohne Zweifel kennst du bereits die angestrebte Antwort. Also lass uns für einen Moment über deine Antwort reden. Denn es sagt viel über dich und deine Religion aus.
Zuerst einmal, fokussiert sich deine Antwort auf Theologie oder auf Früchte? Denn Personen die diese Frage beim Evangelisieren benutzen suchen meist nach einer theologischen Antwort. Die scheinbar richtige Antwort lautet:
"Du solltest mich reinlassen, weil ich für meine Rettung allein auf deine Gerechtigkeit vertraut habe und nicht auf meine eigenen Werke."

Jedoch wird Jesus am Tag des Gerichtes nach Früchten und nicht nach theologischen Antworten suchen. Und das hat er ziemlich deutlich gesagt:

Wenn aber der Sohn des Menschen in seiner Herrlichkeit kommen wird und alle heiligen Engel mit ihm, dann wird er auf dem Thron seiner Herrlichkeit sitzen,und vor ihm werden alle Heidenvölker versammelt werden. Und er wird sie voneinander scheiden, wie ein Hirte die Schafe von den Böcken scheidet,und er wird die Schafe zu seiner Rechten stellen, die Böcke aber zu seiner Linken. Dann wird der König denen zu seiner Rechten sagen: Kommt her, ihr Gesegneten meines Vaters, und erbt das Reich, das euch bereitet ist seit Grundlegung der Welt!

Denn ich bin hungrig gewesen, und ihr habt mich gespeist; ich bin durstig gewesen, und ihr habt mir zu trinken gegeben; ich bin ein Fremdling gewesen, und ihr habt mich beherbergt; ich bin ohne Kleidung gewesen, und ihr habt mich bekleidet; ich bin krank gewesen, und ihr habt mich besucht; ich bin gefangen gewesen, und ihr seid zu mir gekommen.
Dann werden ihm die Gerechten antworten und sagen: Herr, wann haben wir dich hungrig gesehen und haben dich gespeist, oder durstig, und haben dir zu trinken gegeben?
Wann haben wir dich als Fremdling gesehen und haben dich beherbergt, oder ohne Kleidung, und haben dich bekleidet?
Wann haben wir dich krank gesehen oder im Ge-

fängnis, und sind zu dir gekommen?
Und der König wird ihnen antworten und sagen:
Wahrlich, ich sage euch: Was ihr einem dieser
meiner geringsten Brüder getan habt, das habt
ihr mir getan!
Dann wird er auch denen zur Linken sagen: Geht
hinweg von mir, ihr Verfluchten, in das ewige
Feuer, das dem Teufel und seinen Engeln bereitet
ist! Denn ich bin hungrig gewesen, und ihr habt
mich nicht gespeist; ich bin durstig gewesen, und
ihr habt mir nicht zu trinken gegeben;ich bin ein
Fremdling gewesen, und ihr habt mich nicht
beherbergt; ohne Kleidung, und ihr habt mich
nicht bekleidet; krank und gefangen, und ihr habt
mich nicht besucht!
Dann werden auch sie ihm antworten und sagen:
Herr, wann haben wir dich hungrig oder durstig
oder als Fremdling oder ohne Kleidung oder krank
oder gefangen gesehen und haben dir nicht
gedient?
Dann wird er ihnen antworten: Wahrlich, ich sage
euch: Was ihr einem dieser Geringsten nicht
getan habt, das habt ihr mir auch nicht getan!
Und sie werden in die ewige Strafe hingehen, die
Gerechten aber in das ewige Leben. Matthäus 25:31-46

Jesus wird also am Tag des Gerichtes nicht nach
richtigen Antworten suchen. Er wird nach Früchten
suchen. Und Theologen mögen uns vielleicht
versichern dass wir ohne Früchte ins ewige Leben
eingehen können, aber jesus sagt uns etwas anderes.
Und es ist deine Meinung die zählt und zwar nur
seine.

Ist das Werksgerechtigkeit?

Heißt das dass Jesus Werks Gerechtigkeit gepredigt hat? Wenn du mit *"Werksgerechtigkeit"* meinst, dass wir uns unsere Erlösung allein durch unsere eigenen Mühen und Verdienste verdient indem wir einfach nur nette Leute sind, dann ganz klar nein.

In seinem Gleichnis vom Weinstock erklärt Jesus:

> *Bleibt in mir, und ich [bleibe] in euch! Gleichwie die Rebe nicht von sich selbst aus Frucht bringen kann, wenn sie nicht am Weinstock bleibt, so auch ihr nicht, wenn ihr nicht in mir bleibt. Ich bin der Weinstock, ihr seid die Reben. Wer in mir bleibt und ich in ihm, der bringt viel Frucht; denn getrennt von mir könnt ihr nichts tun.* ^{Johannes 15:4-5}

Wir können durch unsere eigenen Mühen niemals "gut genug" sein um gerettet zu werden. Eine Person die jedoch eine fruchtbare Liebesbeziehung mit Jesus Christus lebt, wird immer eine Person sein die begreift wie abhängig er oder sie von Gottes rettende Gnade ist. Wie Jesus ja selbst sagte, *"getrennt von mir könnt ihr nichts tun."*

Ich weiß dass wir ohne Gottes Gnadenangebot und seine unglaubliche Gnade die uns täglich Kraft gibt nirgendwo sein würden.

Und wo Martin Luther absolut recht hatte, ist dass wir und Gottes Gnade nicht verdienen können. Das Problem ist das Luther dieses Gleichnis Jesu nur auf den Teil beschränkt hat, dass wir ohne ihn nichts tun können. Das ist zwar eine sehr entscheidende und wichtige Wahrheit, aber es fällt unter den Tisch dass wir Früchte produzieren müssen um an dem Weinstock zu bleiben und am Ende ins ewige Leben einzugehen.

Luther verwechselte die Mittel mit dem Ziel. Das Ziel ist die Frucht. Das Mittel ist die Kraft die aus einer bleibenden Beziehung mit Jesus Christus entspringt.

Wissen ist keine Frucht

Um das zu verdeutlichen stelle dir John Smith vor, der in den 50er Jahren ein Eigenheimbesitzer war.
Über Jahre hinweg hat sich schon mit einem alten mechanischen Rasenmäher abgemüht der nur mit Muskelkraft betrieben wird. Eines Tages jedoch entdeckt John dass es auch mit Benzinmotoren betriebene Rasenmäher gibt. Mit solchen Rasenmähen, besteht die Hauptaufgabe des Gartenfreundes hauptsächlich darin den Rasenmäher zu führen während er mit. Mit Begeisterung erfüllt geht John hin und kauft einen Benzinrasenmäher, denn er ist hocherfreut dass du den Rasen nun fast ohne körperliche Anstrengung kurz halten kannst und verbreitet diese gute Nachricht unter seinen Nachbarn. Und auch Sie gehen hin und kaufen sich Benzinrasenmäher.

Nun sind sie aber so damit beschäftigt ihren Nachbarn und Freunden zu erklären wie dieser Rasenmäher ganz ohne eigene Anstrengung den Rasen mäht, da die Kraft aus dem Benzinmotor kommt. Dabei kommen sie aber kaum dazu Ihren Rasen zu mähen und bald sind ihre Gärten voller Unkraut und hohe Gräser.

Und mit Luther und den Theologen war es ähnlich. Sie freuten sich so sehr darüber dass wir ohne Christus nichts tun können, und sie badeten in dem Wissen dass wir die Kraft für ein christliches Leben durch Jesus erhalten. Und sie verbreiteten diese gute Nachricht. Aber dabei ignorierten sie was Jesus über die gute Frucht gesagt hat.

Denn zu verstehen wie ein Benzinrasenmäher funktioniert, sorgt nicht dafür dass der Rasen kurz bleibt. Und gleichermaßen produzieren wir nicht automatisch früchte nur weil wir verstanden haben wie der Weinstock funktioniert.

Was wichtig ist, ist ob wir diese Frucht am Ende auch produzieren, und nicht ob wir verstanden haben wie dieser Prozess funktioniert.

"Ohne mich könnt ihr nichts tun," heißt nicht *"Du hast selbst keinen Teil dabei zu erfüllen diese Frucht auch zu produzieren".* Der Fokus von Jesu Gleichnis vom Weinstock ist dass wir diese Früchte hervor-bringen müssen oder andernfalls vom Weinstock abgehauen werden. Denn wenn Frucht eine auto-matische Folge davon wäre dass wir am Weinstock sind, dann wäre es für Jesus ziemlich sinnfrei gewesen dieses Gleichnis zu formulieren.

Welche Rolle spielen wir nun? Jesus sagt: *Gleichwie die Rebe nicht von sich selbst aus Frucht bringen kann, wenn sie nicht am Weinstock bleibt, so auch ihr nicht, wenn ihr nicht in mir bleibt.* Unsere Rolle ist dass wir in Christus Jesus bleiben.

Auf den ersten Blick, hört sich das nach einer ziemlich passiven Rolle an um Früchte zu produzieren. Wir müssen nur in Jesus bleiben. Aber was heißt es in Jesus zu bleiben? Andere (englische) Übersetzungen benutzen Begriffe die ebenfalls treffend und gut verständlich sind, wie "dwell in me,"(lebt/weilt in mir) "live in me,"(lebt in mir) or "remain united to me."(bleibt mir vereint)[96]

Was ist nun nötig um in Christus zu leben oder mit im Verein zu bleiben? Jesus selbst macht das am Ende seines Gleichnisses da als er sagt:

> *Wenn ihr meine Gebote haltet, so bleibt ihr in meiner Liebe, gleichwie ich die Gebote meines Vaters gehalten habe und in seiner Liebe geblieben bin.*[Johannes 15:10]

Um also in Christus zu bleiben müssen wir seine Gebote halten. Oder um es anders zu sagen, um in ihm zu verweilen müssen wir ihn wahrhaftigen. Und wenn wir ihn wahrhaft lieben halten wir seine Gebote. Um in den Himmel zu kommen, müssen wir in einer von gehorsam geprägten beziehung in Glaube und Liebe zu ihm leben. Wie William Law es ausdrückt:

> *"Der eine echte Beweis dass wir lebende Mitglieder von Christi Kirche auf Erden sind, ist nichts anderes als dass wir die innere Natur wie auch das äußere Verhalten haben durch das sich Christus der Welt offenbart."* [98]

Und trotzdem gibt es so viele Theologen die uns überzeugen wollen dass Gott unsere Theologie am wichtigsten wäre. Sie haben Millionen bekennender Christen praktisch eingeredet dass wir Jesus nicht glauben können was er über den jüngsten Tag gesagt hat. Ihnen zufolge wird er nicht nach den Früchten des Reiches suchen. Er wird nach theologisch richtigen Antworten suchen. Diese Theologen haben, auch wenn sie das wohl nicht beabsichtigt haben ganze Arbeit geleistet George Sodini, den Massenmörder davon zu überzeugen.

Wie ihre Vorgänger die Schriftgelehrten und Pharisäer, ist Theologen dauerhaft die Essenz der Botschaft Gottes für die Menschen entgangen. Anstatt Licht auf Gottes Wort zu werfen, haben sie es nur allzu oft im Dunkel ihrer theologischen Werke, Studienbibel und Kommentare verborgen. Durch Sprachmobbing, Geschichtsverfälschung und durch das sie uns vorgaukeln, sie den historisch-authentischen Glauben kennen würden, haben sie die meisten Gebote Christi wirkungslos gemacht.

Die Fesseln abwerfen

Es ist Zeit für jene, die Jesus Christus wirklich lieben die Fesseln des Dogmatums abzuwerfen. Damit meine ich garantiert nicht dass wir die Lehren des historischen Glaubens ablegen sollen. Ganz gewiss nicht.

Vielmehr ist es Zeit Jesus durch die Zeilen der Evangelien sprechen zu lassen, ohne seine Lehren durch Verleugnung, Mentalgymnastik und die Interpretationen durch Theologen zu filtern. Es ist Zeit für die Kinder des Reiches Gottes für Jesus und das Evangelium aufzustehen das er gepredigt hat. Und es ist Zeit für die Theologen sich bitte zu setzen.

Anmerkungen und Quellen

Kapitel 1: „Dogmatum" versus Christentum

[1]Der (hier etwas dramatisierte aber inhaltlich unveränderte) Bericht von Caspar Zacher's Gerichtsverhandlung wurde durch den Gerichtsdiener von Waiblingen in einem offiziellen Brief an Graf Christoph, datiert auf den 12. Juli 1562.

Kapitel 2: Die ersten Theologen

[2]Mit dem Begriff „Kingdom Christians"/"Bürger des Reiches Gottes", beziehe ich ich auf Christen die sich auf eine Lebensführung nach dem Vorbild Christi fokussieren, und erkennen, dass Gottes Reich sich nicht mit den Reichen dieser Welt verbinden lässt. Diese Chisten erkennen, dass das Reich Gottes mitten unter uns/inwändig in uns präsent ist, und dass die Essenz des Christentums eine von Gehorsam /Früchten geprägte Liebesbeziehung im Glauben mit Jesus Christus ist.
Auch wenn sie in dieser Welt leben, leben sie doch als Bürger von Gottes Reich/Christi Königreich.

[3] Manche moderne Gelehrte behaupten das Hebräisch zu Jesu Zeiten weiterverbreitet war als früher geglaubt wurde. Dies behaupten sie wegen der noch

nicht vor allzu langer Zeit entdeckten Schriften der
Sekte oder Gemeinschaft von Qumran welche auf
Hebräisch verfasst waren.

Dennoch finde ich ist ihre Behauptung nicht
schlüssig, da die Mitglieder der Sekte von Qumran
(welche wahrscheinlich Essener waren) keine
gewöhnlichen Juden waren. In vielen Aspekten waren
die Mitglieder der Sekte von Qumran "pharisäischer
als die Pharisäer " selbst. Es ist also nicht
verwunderlich dass sie das hebräische als ihre
"heilige Sprache" beibehielten.

[4] Aus Mischna, Shabbat 11:3-4 ,
Gesamttitel *Die Mischna : Text, Übersetzung und
ausführliche Erklärung ; mit eingehender
geschichtlicher und sprachlicher Einleitung und
textkritischem Anhang / begr. von Georg Beer ... Hrsg.
von Karl Heinrich Rengstorf ...
Titel Seder 2, Moe ed. : Traktat 1 (1924) Die Mischna,
Schabbat (Sabbat) : [Seder 2, Moe ed., Traktat 1] / Text,
Übers. und Erklärung nebst einem textkrit. Anhang von
Wilhelm Nowack*
(http://sammlungen.ub.unifrankfurt.
de/freimann/content/titleinfo/3627268)

[5] Aus Mischna, Shabbat 12:4-5,
Gesamttitel *:Die Mischna : Text, Übersetzung und
ausführliche Erklärung ; mit eingehender geschichtlicher
und sprachlicher Einleitung und textkritischem Anhang /
begr. von Georg Beer ... Hrsg. von Karl Heinrich
Rengstorf ... Titel Seder 2, Moe ed. : Traktat 1 (1924) Die
Mischna, Schabbat (Sabbat) : [Seder 2, Moe ed., Traktat 1] /*

Text,Übers. und Erklärung nebst einem textkrit. Anhang
von Wilhelm Nowack
(http://sammlungen.ub.unifrankfurt.
de/freimann/content/titleinfo/3627268)

Kapitel 4: Wie Jesus die Theologen stürzte

[6] Damit meine ich nicht zwangsläufig dass Jesus auf
griechisch   gelehrt   hat.   Die   meisten
Sprachwissenschaftler
vermuten dass er auf Aramäisch gelehrt hat. Jedoch
sind
seine   Lehren   durch   das   Neue   Testament,auf
Griechisch
der Welt zugänglich gemacht worden und nicht auf
Hebräisch oder Aramäisch.

[7] David Bercot bezieht sich im Englischen Original
dieses Buches auf die *The New American Bible*
(New York: P. J. Kennedy & Sons, 1970) und *The Holy*
Bible,New International Version (Grand Rapids: The
Zondervan Corporation, 1978).
In der Deutschen Übersetzung liegt der Bezug auf der
Revidierten Elberfelder Übersetzung (©
1985/1991/2008 SCM R.Brockhaus im SCM-Verlag
GmbH & Co. KG, Witten) und die *Neue Evangelistische*
Übersetzung (© 2017 by Karl-Heinz Vanheiden)

Kapitel 5 . Das Königreich der Kinder

[8] *Dies ist eine direkte Übersetzung aus der englischen*
Übersetzung der Aussage von Justine des Märtyrers.
Aus "Adress to the Greeks", Kap. 35. The Ante-Nicene
Fathers, ed. Alexander Roberts and James Donaldson,

vol. 1 (Peabody, MA: Hendrickson Publishers, Inc., 1996), 288.

[9] Tatian (2. Jdh.) - Rede an die Bekenner des Griechentums (Oratio ad Graecos); Kap. 29.
(https://www.unifr.ch/bkv/kapitel80-28.htm)

[10] Origenes († 253/54) - Gegen Celsus (Contra Celsum),Sechstes Buch, 2.Kapitel
(https://www.unifr.ch/bkv/kapitel143-1.htm)

[11] Origenes († 253/54) - Gegen Celsus (Contra Celsum),Siebentes Buch ,59.Kap.
(https://www.unifr.ch/bkv/kapitel144-58.htm)

[12] Origenes († 253/54) - Gegen Celsus (Contra Celsum),Siebentes Buch , Kapitel 60.
(https://www.unifr.ch/bkv/kapitel144-59.htm)

[13] Arnobius major (um 303-305) - Gegen die Heiden (Adversus Nationes)Erstes Buch, Nr. 58, Nr. 59
(https://www.unifr.ch/bkv/kapitel5161-58.htm)

Kapitel 7. Die nächste Generation nach den Aposteln

[14] Als Beispiele Eusebius' Kirchengeschichte, Buch. 3, Kap. 24
[15] Justin der Märtyrer († um 165) - Erste Apologie Kap. 14. Das Christentum hat in seinen Bekennern einesittliche Umwandlung bewirkt.

[16] Tertullian († um 220)- Über die Verschleierung der Jungfrauen.(De virginibus velandis), Kap. 1

[17]Richard Hooker, "A Learned Discourse of Justification," quoted in *New World Encyclopedia*, 11 Apr 2009, www.newworldencyclopedia.org/entry/Richard_Hooker.

Kapitel 8: Der Aufstieg der Theologen

[18] Der Vergleich dass der Textus Receptus sich auf dieselbe Lesart stützt wie sie auch von Origenes wiedergegeben wurde, ist im Detail in die Audio CD *"The Early Christian Writings and the Textus Receptus,"* erklärt, welche bei Scroll Publishing Co erhältlich ist.

Kapitel 9 :Das erste theologische Duell

[19] Heb. 1:3 nennt den Sohn „die Ausstrahlung seiner[des Vaters] Herrlichkeit und der Ausdruck seines Wesens"
Siehe auch: *Tertullian († um 220) – Apologetikum(Apologeticum); 21. Kap. Der Zusammenhang des Christentums mit dem Judentum. Der Logos, seine Gottheit, Menschwerdung, Geburt, Leben, Wunder, Leiden, Sterben, Auferstehungund Himmelfahrt.*

[20] *Ich will aber, dass ihr wisst, dass Christus das Haupt jedes Mannes ist, der Mann aber das Haupt der Frau, Gott aber das Haupt des Christus. 1. Korinther 11:3*

*-Denn ich habe nicht aus mir selbst geredet, sondern der Vater, der mich gesandt hat, er hat mir ein Gebot gegeben, was ich sagen und was ich reden soll.
Und ich weiß, dass sein Gebot ewiges Leben ist. Darum, was ich rede, das rede ich so, wie der Vater es mir gesagt hat. Johannes 12:49-50*

- Denn er muss herrschen, bis er alle Feinde unter seine Füße gelegt hat. Als letzter Feind wird der Tod beseitigt.Denn »alles hat er seinen Füßen unterworfen«. Wenn es aber heißt, dass ihm alles unterworfen ist, so ist offenbar, dass derjenige ausgenommen ist, der ihm alles unterworfen hat.
*Wenn ihm aber alles unterworfen sein wird, dann wird auch der Sohn selbst sich dem unterwerfen, der ihm alles unterworfen hat, damit Gott alles in allen sei.***1.Korinther 15:25-28**

[21]*Tertullian († um 220)*
Über die Verschleierung der Jungfrauen.
(De virginibus velandis), Kap. 1

[22] *Eusebius von Cäsarea († um 340) - Vier Bücher über das Leben des Kaisers Konstantin und des Kaisers Konstantin Rede an die Versammlung der Heiligen (Vita Constantini et Oratio ad coetum sanctorum), Buch II, V, Kapitel 69*
https://www.unifr.ch/bkv/kapitel2026-68.htm

Kapitel 10: Der große Wendepunkt der christlichen Geschichte

[23] Zum Beispiel wird "*ousia*" mit Güter oder Besitztümer übersetzt, so etwa in Lukas 15:12-13 :

> *Und der jüngere von ihnen sprach zum Vater: Gib mir den Teil des Vermögens, der mir zufällt, Vater! Und er teilte ihnen das Gut. Und nicht lange danach packte der jüngere Sohn alles zusammen und reiste in ein fernes Land, und dort verschleuderte er sein Vermögen mit ausschweifendem Leben.*

Kapitel 12. Was passierte während die Theologen im Ring waren?

[24] -Und wir, die wir einst einander mordeten, enthalten uns jetzt nicht nur jeder Feindseligkeit gegen unsere Gegner, sondern wir gehen, um nicht zu lügen und die Untersuchungsrichter nicht zu täuschen, auch freudig für das Bekenntnis Christi in den Tod.
Justin der Märtyrer († um 165) - Erste Apologie; Kap. 39.

-Denn wir haben die Lehre empfangen, Leute, die uns quälen, nicht ebenfalls zu schlagen, und Leute, die uns vertreiben und ausrauben, nicht einmal vor Gericht zu [S. 275] fordern, sondern ersteren, wenn sie uns schmählich auf die Schläfe schlagen, auch die andere Seite des Kopfes zum Schlage darzubieten und letzteren, wenn sie uns den Leibrock nehmen, auch noch den Mantel auszuliefern.
Athenagoras (2. Jhd.), Apologeten, Frühchristliche Bittschrift für die Christen , (Apologia pro Christiana) Kap. 1. [S. 273]

-Auf "die Frage" aber, "woher wir kommen, oder wen wir als Stifter haben" geben wir zur Antwort: Wir sind gekommen nach den Weisungen Jesu, um die geistigen "Schwerter", mit denen wir unsere Meinungen verfochten und unsere Gegner angriffen, zusammenzuschlagen "zu Pflugscharen", und "die Speere", deren wir uns früher im Kampfe bedienten, umzuwandeln zu "Sicheln" . Denn wir ergreifen nicht mehr "das Schwert gegen ein Volk", und wir lernen nicht mehr "die Kriegskunst" , da wir Kinder des Friedens geworden sind durch Jesus, der unser "Führer" ist
Origenes († 253/54) - Gegen Celsus (Contra Celsum) Fünftes Buch, 33.

-Fügt noch nicht mal seinen Feinden Schaden zu.
Tertullian, 3.51 Ante-Nicene Fathers

-Gott verbietet jede Art von Menschen Wort durch das
allumfassende Gebot: Du sollst nicht töten!
Tertullian, 3.80 Ante-Nicene Fathers.

-Christen schlagen nicht gegen ihre Peiniger zurück,
denn es ist für den unschuldigen ungesetzlich selbst den
Schuldigen zu töten Cyprian, 5.351 Ante-NiceneFathers

[25] Kanon 12 des nizänischen Konzils sagt: " *So viele wie*
durch Gnade gerufen worden und ein Cypher gezeigt haben
und dabei die militärischen Gürtel abgeworfen haben,
danach wie Hunde zu ihrem Erbrochenen zurückkehrt sind
(so dass einige Geld bezahlt haben oder Geschenke
entrichteten um ihre militärische Position zurückzu-
erlangen), lass diese, nachdem eine Zeit von 3 Jahren als
Hörer (d.h. als exkommunizierte) vergangen ist, und 10
Jahren in der Buße wieder zur Kommunion lassen werden. "

[26] Übersetzung aus der Englischen Ausgabe von:
Augustinus Werk, *Reply to Faustus(Contra Faustum*
Manicheum/ Anwort an Faustus den Manichäer), bk.
22, ch. 76. Zu finden in der Englischen Sammlung von
nicänischen und post-nicänischen Kirchenvätern, „*The*
Nicene and Post-Nicene Fathers, First Series, ed. Philip
Schaff," vol. 4 (Peabody, MA: Hendrickson Publishers, Inc.),
301.

[27]*Ebenda, Kap. 74.*

[28]*Ebenda., Kap. 75.*

Kapitel 13. Was passierte noch wegen Nicäa

[29] Augustinus, Heresies (De heresibus) 56, ein englisches Zitat davon kann auf http://www.catholic.com/library/Mary_Ever_Virgin.asp. gefunden werden.

[30] Augustinus , Sermo (Weihnachtspredigten) 186:1. Ein englisches Zitat kann unter http://www.catholic.com/library/Mary_Ever_Virgin.asp. nachgelesen werden

[31] Ins Deutsche übersetzt aus der Englischen Ausgabe von Augustinus *"De natura et gratia"* (On Nature and Grace), Kap. 42.

[32] Augustinus, *De Sermone Domini in Monte secundum Matthaeum*;Übertragen aus der englischen Ausgabe „Our Lord's Sermon on the Mount," bk. 1, ch. 17. http://www.ccel.org/ccel/schaff/npnf106.v.i.html

33Augustinus, *De Sermone Domini in Monte secundum Matthaeum;* Übertragen aus der englischen Ausgabe „Our Lord's Sermon on the Mount," bk. 1, ch. 20.

Kapitel 14. Das Problem von " Doctrinianity"

[34]*You Will Receive Power* von William Law, 29, 30

Kapitel 15. Luther: Theologe im Schafspelz

[35] Martin Luther, *Vorrede zum Neuen Testament*
[36]Martin Luther, *Vorrede zum Hebräerbrief*
[37]Martin Luther,*Sendbrief vom Dolmetschen*

[38] *You Will Receive Power* von William Law, 30

[39] So z.b. Menno Simons, ein Bekannter Täufer der schrieb:

> *Denn der rechte evangelische Glaube ist einer solchen Natur, dass er nicht ruhen oder feiern kann, sondern er bereitet sich stets auf in allerlei Gerechtigkeit und Früchten der Liebe; er stirbt Fleisch und Blut ab, rottet alle verbotenen Lüste und Begierden aus, sucht und fürchtet Gott und dient ihm aus dem Innersten seiner Seele; erkleidet die Nackten; speist die Hungrigen; tröstet die Betrübten; beherbergt die Elenden; hilft und gibt Trost allen, die betrübten Herzens sind; tut wohl denen, die ihm Böses tun; dient denjenigen, die ihm Leid zufügen; bittet für die, welche ihn verfolgen; lehrt, ermahntund straft uns mit des Herrn Wort;*

Menno Simons, Die Schriften des Menno Simons: Gesamtausgabe,Die Ursache warum ich nicht ablasse zu lehren und zu schreiben, S.231 ,
Mennonitische Forschungsstelle Weierhof/ CV
Samenkorn (ISBN-10: 3862031063; ISBN-13: 978-3862031061):

[40] Roland Bainton, The Reformation of the Sixteenth Century (Boston: Beacon Press, 1952), 101.

[41]*Roland Bainton, The Reformation of the Sixteenth Century (Boston: Beacon Press, 1952), 101,102*

[42]*Martin Luther, zitiert Johannes Janssen, Geschichte des deutschen Volkes seit dem Ausgang des Mittelalters (8 vols., Freiburg, 1878-1894).Englisches Zitat in "Why Did*

the Protestant Reformers Have No Toleration for Anyone After the Reformation? / Aus „Ob christliche Fürsten schuldig sind, der Wiedertäufer unchristliche Sekte mit leiblicher strafe und mit dem Schwert zu wehren."

[43]Martin Luther,Ob christliche Fürsten schuldig sind, der Wiedertäufer unchristliche Sekte mit leiblicher strafe und mit dem Schwert zu wehren. (Tomos 8, s.382 b – 385

[44]Luther, Martin - Vorrede zum Neuen Testament
[45] Martin Luther, Der 82. Psalm durch D.M.L geschrieben und ausgelegt Anno 1530" (Tomos 5, S.74 b ff)

Kapitel 16. Wie sich die Theologen eingegraben haben

[45] Martin Luther, Der 82. Psalm durch D.M.L geschrieben und ausgelegt Anno 1530" (Tomos 5, S.74 bff)

[47] John Calvin, Calvin's Commentaries, trans. Joseph Haroutunian, Christian Classics Ethereal Library, 20 Apr2009,
http://www.ccel.org/c/calvin/calcom/calcom.html.

[48] Ibid.
[49] Ibid.

Kapitel 18 Lernen gegen die theologischen Mobber aufzustehen

[50]"Bullying." Wikipedia, The Free Encyclopedia. 21 Apr 2009, http://en.wikipedia.org/wiki/Bullying.

[51]"The Serial Bully,"
www.bullyonline.org/workbully/serial.htm

Kapitel 19: Die Blindheit der Theologen entlarven

[52]www.cnn.com/2009/TECH/06/09/million.words/index.html.

[53] Webster's New World College Dictionary, Third Edition, s.v."Literal."

[54]F. C. Conybeare and St. George Stock, Grammar of Septuagint Greek, (Peabody, MA: Hendrickson Publishers, Inc., 1995), 20. Quotation has been slightly modernized.

[55]"God's Love—Agape,"
http://www.shalomindia.com/agape.php.

[56] In der LXX heisst es 2.Könige

Kapitel 20: Geschichtsfälschung

[57]John Calvin, Calvin's Commentaries.

[58]William Burkitt, Expository Notes with Practical Observations on the New Testament, reproziert in SwordSearcher [CD-ROM].

[59]Robert Jameison, A. R. Faucett, and David Brown, Commentary Critical and Explanatory on the Whole Bible, reproduced in Bible Explorer 4.0 (Austin: WORDSearch, 2006).

[60]*A Commentary on the Whole Bible*, ed. J. R. Dummelow (New York: The Macmillan Co., 1942), 909.

[61]*In Griechenland und einigen seiner Barbarenländer gibt es mehrere Gemeinden, die ihre Jungfrauen sich verhüllen lassen. Es findet sich auch sonst noch diese Einrichtung hier und dort unter der Sonne, so dass man diese Gewohnheit nicht der griechischen oder barbarischen Nationalität eigentümlich zuzuschreiben braucht.*

Tertullian († um 220) - Über die Verschleierung der Jungfrauen. (De virginibus velandis)

2. Cap. Die Sitte, die Jungfrauen sich verschleiern zu lassen, ist durch das Herkommen mancher christlichen Gemeinden geheiligt. Sie verdient geprüft zu werden, da sie die Sittsamkeit begünstigt.

Einige nämlich bedienen sich der Baschlicks und wollener Binden und verschleiern nicht sowohl ihr Haupt, als dass sie es umwickeln, ihre Stirn ist dann wohl bedeckt, aber das eigentliche Haupt nicht. Andere, vermutlich um den Kopf nicht zu drücken, bedecken sich mit kleinen Leintüchern, die nicht einmal bis zu den Ohren reichen, den Oberkopf. Es thut mir leid, wenn ihr Gehör so schwach ist, dass sie durch eine Umhüllung hindurch nicht hören können. Sie sollten wissen, dass ihr ganzer Kopf ein Weiberkopf ist, seine Grenzen und Enden erstrecken sich bis dahin, wo das Kleid anfängt. So weit als sich das aufgelöste Haar erstreckt, so weit geht das Gebiet des Schleiers, so dass auch der Nacken umhüllt wird...

Es werden Euch die heidnischen Frauen Arabiens beschämen, welche nicht bloss ihr Haupt, sondern auch das ganze Gesicht derart verhüllen, dass es ihnen genügt, wenn sie ein einziges Auge frei haben und die lieber das Licht nur halb geniessen, als ihr ganzes Antlitz prostituieren

Tertullian († um 220) - Über die Verschleierung der Jungfrauen. (De virginibus velandis)17. Cap.

Die Tatsache dass die christlichen Schwestern verschleiert beteten wird u.a. durch viele Malerein in den Katakomben bestätigt.

Kapitel 21: Wenn Fiktion als Tatsache präsentiert wird

[62]*Adam Clarke, Adam Clarke's Bible Commentary, 05 June 2009,*
http://www.godrules.net/library/clarke/clarke1cor11.htm.

[63] *Kapitel VI; Womit Frauen, Männer, Krüppel und Kinder, am Sabbat ausgehen dürfen*
Aus Mischna, Shabbat 12:4-5,
Gesamttitel :Die Mischna : Text, Übersetzung und ausführliche Erklärung ; mit eingehender geschichtlicher und sprachlicher Einleitung und textkritischem Anhang / begr. von Georg Beer ... Hrsg. von Karl Heinrich Rengstorf ...
Titel
Seder 2, Moe⬚d. : Traktat 1 (1924) Die Mischna, Schabbat (Sabbat) : [Seder 2, Moe⬚d., Traktat 1] / Text, Übers. und Erklärung nebst einem textkrit. Anhang von Wilhelm Nowack

[64] Aus dem englischen Übersetzt

[65] *Tertullian († um 220) - Vom Kranze des Soldaten (De corona militis); 4. Kap.*

Auch die Frauen mögen der Gewohnheit, sich in der Kirche zu verschleiern, getreu bleiben und sie genau befolgen. Schluss. Es werden Euch die heidnischen Frauen Arabiens beschämen, welche nicht bloss ihr Haupt, sondern auch das ganze Gesicht derart verhüllen, dass es ihnen genügt, wenn sie ein einziges Auge frei haben und die lieber das Licht nur halb geniessen, als ihr ganzes Antlitz prostituieren.

Tertullian († um 220) - Über die Verschleierung der Jungfrauen. (De virginibus velandis); 17. Cap.

[67] For example, see The New Testament World in Pictures (Nashville: Broadman Press, 1987).

[68] William Barclay, The Letters to the Corinthians (Philadelphia: Westminster Press, 1975), 99.
[69] Strabo, Geography, 8.6.20-23
[70] Strabo, 8.6.23.
[71] Ibid.

Kapitel 22: Männer sprachen nicht zu Frauen - und andere Lügen

[72] Robert H. Mounce, New International Biblical Commentary on Matthew (Peabody, MA: Hendrickson Publishers, 1991), 22.
[73] For example, Papias indicated that Matthew had written his Gospel particularly for the Jews. ANF, vol. 1, 155.

[74] "The Name of G-d," http://www.jewfaq.org/name.htm.
[75] Berakhot 9:5.
[76] Robert H. Mounce, 8.

Kapitel 23: Ahnungslos über das historische Christentum

[77]*Philip Schaff, History of the Christian Church, 2nd ed., vol. 7 (Grand Rapids: Wm. B. Eerdmans Publishing Co., 1985), 736.*

[78]*Martin Luther, "Sendbrief von Dolmetschen" in Dr. Martin Luthers Werke (Weimar: Hermann Boehlaus Nachfolger, 1909), Band 30, Teil II, 632-646.*

[79]*Ambrosius, Über die Buße, Buch 1, Kap. 55-56.Ausgewählte Schriften des heiligen Ambrosius, Bischofs von Mailand übersetzt von Franz-Xaver Schulte, Band 1*

Kapitel 24: Die Früchte der Theologen

[80] *Philip Schaff, 23.*

[81] *Zitiert aus: Luthers Hauspostille Walch. XIII, 2193, 2195, Schaff zitiert diesen Textabschnitt aus „Die Reformation, ihre innere Entwicklung und ihre Wirkungen im Umfange des lutherischen Bekenntnisses"von Johann Joseph von Dollinger, , Band 1, S.301,*

[82]*Martin Luther, Brief 312 an seine Frau [Zeitz,] (1 28.Juli, 1545*

[83] *Dollinger, p. 97.*

[84]*Martin Luther, Brief an Melanchthon, Brief 99 (Aug. 1, 1521).*

[85]*Phillip Melanchthon, nach dem Zitat wie bei Philip Schaff, History, vol. 7, 62.*

[86] *Dollinger, p. 97.*

[87] *From Table Talk, published by the Lutheran Publication Society.*

[88]*Ibid.*
[89]*Ibid.*
Anatomia Lutheri: mit einer Praefation an alle verfürte Teutschen, und ... von Johann Pistorius,Martin Luther, S.177

[90]*Schaff, 656.*
[91]*Anatomia Lutheri: mit einer Praefation an alle verfürte Teutschen, und ... von Johann Pistorius,Martin Luther, S.177*
[92]*Ibid.*

[93]"Peasants' War," Wikipedia, The Free Encyclopedia. 22 Apr 2009, 09: 22 UTC. http://en.wikipedia.org.

[94] *Dollinger, p. 96.*
[95] *Von den Juden und ihren Lügen. Von Dr. Martin Luther, Erstmals gedruckt zu Wittenberg. Durch Hans Lufft.*

[96] *Brief an Melanchthon vom 1 August 1521, Dr. Martin Luther's Saemmtliche Schriften_ Dr, Johannes Georg Walch, Ed. Vol. 15,cols. 2585-2590. .*

[97] *Blog of George Sodini.*
http://raincoaster.com/2009/08/05/ george-sodinis-blog-the-plan, 3 Sept 2009

Kapitel 25: Zu welcher Religion gehörst du?

[98] Auszug und Übersetung nach James Moffat Translation, The New English Bible, The New American Bible, und die Twentieth Century New Testament.

[99] Law, 151.